中华传统美德百字经

尊·尊老爱幼

于永玉 孙岩◎编

一段历史之所以流传千古，是由于它蕴涵着不朽的精神；一段佳话之所以人所共知，是因为它充满了人性的光辉。感悟中华传统美德，获得智慧的启迪和温暖心灵的感动；品味中华美德故事，点燃心灵之光，照亮人生之路。

天津人民出版社

图书在版编目（CIP）数据

尊：尊老爱幼 / 于永玉，孙岩编. —天津：天津
人民出版社，2012.1
（巅峰阅读文库．中华传统美德百字经）
ISBN 978-7-201-07328-6

Ⅰ．①尊…　Ⅱ．①于…②孙…　Ⅲ．①品德教育—中
国—通俗读物　Ⅳ．①D648-49

中国版本图书馆 CIP 数据核字 (2011) 第 268702 号

天津人民出版社出版
出版人：刘晓津
（天津市西康路 35 号　邮政编码：300051）
邮购部电话：（022）23332469
网址：http://www.tjrmcbs.com.cn
电子信箱：tjrmcbs@126.com
北京一鑫印务有限责任公司印刷　新华书店经销
2012 年 1 月第 1 版　2012 年 1 月第 1 次印刷
690×960 毫米　16 开本　10 印张　字数：100 千字
定价：19.80 元

中国是一个具有悠久历史和灿烂文化的文明古国，也是举世闻名的礼仪之邦。在历史的长河中，中华民族创造出了绚丽多彩的物质文化和精神文化，为人类的发展和进步做出了重要贡献。其中，中华民族的传统美德被大家代代传承。

那么，什么是传统美德？什么是中华民族的传统美德呢？通常来说，传统美德就是在自觉或习俗的道德规范中，一些被大多数人所接受并实际奉行的，而且在现代仍有着积极影响的那些美德。具体到中华民族传统美德，概括起来就是指中华民族优秀的民族品质、优良的民族精神、崇高的民族气节、高尚的民族情感以及良好的民族礼仪等，是中华民族在历史实践过程中积累而成的稳定的社会优秀道德因素，体现在人们生活的方方面面，涉及政治、经济、文化、意识等领域，并通过社会心理结构及其他物化媒介得以代代相传。

前 言

经过长期的历史沉淀，中华传统美德已融入到中华民族的思想意识和行为规范中，成为社会道德文化的遗传基因，成为整个中华民族文化的精神内涵，也是中华五千年文明史的精髓所在。继承和弘扬中华民族传统美德，可以振奋民族精神，增强民族自尊心、自信心、自豪感和凝聚力，使社会主义道德规范具有更丰富的内涵，让社会主义、集体主义、爱国主义思想等更加深入人心，成为社会主义文化的主旋律。同时，还可以更好地协调人际关系，促进社会主义市场经济的健康发展，形成有中国特色的、适应社会发展的价值观和伦理道德规范。

国民的思想道德状况，尤其是青少年的思想道德状况，直接关系着一个国家、一个民族的整体素质，关系着国家前途和民族命运。目前，我国已进入改革发展的新时期新阶段，德育教育的价值和意义更是日渐凸显。大力弘扬中华传统美德，建设社会主义核心价值体系，促进社会主义文化的发展和繁荣，是建设全面小康社会的主要任务，更是实现中华民族伟大复兴的必然要求。因此，党中央非常注重我国公民道德建设，全社会也已形成了加强和改进思想道德建设的新风尚。

青少年是国家的希望，是民族不断发展和延续的根本，因此，青少年德育教育就显得更加重要。为了增强和提升国民素质，尤其是青少年的道德素质，我们特意精心编写了本套丛书——《中华传统美德百字经》。

本套丛书立足当前公民，尤其是青少年思想道德教育的现实，将中华民族的传统美德归纳为一百个字，即学、问、孝、悌、师、教、言、行、中、庸、仁、义、敦、和、谨、慎、勤、俭、恤、济、贞、节、谦、让、宽、容、刚、毅、睦、贤、善、良、通、达、知、理、清、廉、朴、实、志、道、真、立、忠、诚、公、正、友、爱、同、礼、温、信、尊、敬、恭、恕、责、仪、精、专、博、富、明、智、勇、力、安、全、平、顺、敏、思、积、利、健、率、坚、情、养、群、严、慈、创、新、变、革、争、谏、诲、齐、省、克、竞、求、简、洁、强、律。丛书内容丰富、涵盖性强，力图将中华民族传统美德的内涵囊括进去。丛书通过故事、诗文和格言等形式，全面地展示了人类永不磨灭的美德：诚实、孝敬、负责、自律、敬业、勇敢……

尊·尊老爱幼

这些故事在中华民族几千年的历史长河中，一直被人们用来警醒世人、提升自己，用做道德上对与错的标准；同时通过结合现代社会发展，又使其展现了中华民族在新时代的新精神、新风貌，从而较全面地展示了中华民族的美德。

在本套丛书中，为了帮助读者更好地理解这些源远流长的传统美德，我们还在每一篇故事后面给出了"故事感悟"，旨在令故事更加结合现代社会，结合我们自身的道德发展，以帮助读者获得更加全面的道德认知，并因此引发读者进一步的思考。同时，为丰富读者的知识面，我们还在故事后面设置了"史海撷英"、"文苑拾萃"等板块，让读者在深受美德教育、提升道德品质的同时，汲取更多的历史文化知识。

前 言

这是一套可以打动人心灵的丛书，也是可以丰富我们思想内涵的丛书……《中华传统美德百字经》向我们展示的是一种圣洁的、高尚的生活哲学。无论在任何社会、任何时代，给予人类基本力量的美德从来不曾变化。著名的美国政治家乔治·德里说："使美国强大的不是强权与实力，而是上帝赐予的美德。假如我们丢失了最根本且有用的美德，导弹和美元也不能使我们摆脱被毁灭的命运。"在今天，我们可能比任何时候都更应关心道德问题，尤其是青少年的道德问题，因为今天我们正逐渐面临从未有过的道德危机和挑战。

人生的美德与智慧就像散落的沙子，我们哪怕每天只收集一粒，终有一天能积沙成塔，收获一个光辉灿烂的明天。《中华传统美德百字经》中的美德故事将直指我们的内心，指向人性中善良的一面，唤起我们内心深处的道德感。因此，中华民

族的传统美德也一定会在我们的倡导和发扬之下，世世传承，代代延续！

　　全套丛书分类编排，内容详尽、文字优美、风格独具，是公民，尤其是青少年思想道德建设的优秀读物。愿这些恒久流传的美文和故事能抚平我们每个人驿动的心，愿这些优秀的美德种子能在青少年身上扎根、发芽、生长……

尊·尊老爱幼

尊老爱幼是中华民族的传统美德，流传了数千年。"老吾老，以及人之老；幼吾幼，以及人之幼。天下可运于掌"。孟夫子的这段教导的意思是"敬重自己的长辈，进而推广到敬重别人的长辈；抚爱自己的子女，进而推广到抚爱别人的儿女。如果以这样的准则治理国家，统一天下就如运转于掌心一样容易了"。

尊老爱幼是我国优良道德传统的精华，也是人类敬重自己的表现。每个人都有自己的儿童时代，每个人也都有老的那一天。古往今来，经过多少个春夏，多少个秋冬，一代代人由孩童到老人，不管是处于盛世还是乱世，有一点却是共同的，那就是弘扬尊老爱幼的优良传统。

古往今来，那些"尊老爱幼"的经典故事数不胜数。从张良尊老拾鞋、曾子敬老，到才旦卓玛尊老敬老、毛泽东为老农贺寿；从孔子爱生因材施教、徐特立教化学生，到伟大母亲抚养日本遗孤、农民花百万元抚养孤儿等。这些感人而生动的例子，都在为中华传统美德——尊老爱幼作了更加完美的诠释。

尊老爱幼，是处理人际关系的最基本前提。只有满足了这个前提，人们的生活才能安定和谐。只有我们年轻时，创造了"尊老爱幼"的风尚，在我们年老后，才能享受到这种被传承下来的社会风尚。所以，我们不仅将尊老爱幼当成一种美德，它其实还是一个文明社会的最基本的反映。

老人是美丽的夕阳，需要我们珍视；儿童是祖国的花朵，需要我们呵护。尊老爱幼是人性本善的延伸，是我们恻隐之心付诸行动后，映射出的美丽光环。记得《背影》中那个步履蹒跚的父亲吗？你是否为他而落泪？我想就算你的泪水没有浸湿"父爱"这两字，一层薄雾定已模糊了你的双眼。

在车上为老人让个位置，可能没有人会表扬你，但这绝对可以反映出文明素质，也可以反映出和谐社会的美好形象。在社会日益现代化的今天，提倡尊老爱幼不但是必要的，而且更要将这么好的传统美德继承和发扬下去。

这是我们每个人都必须面对的问题，也是我们必须用心思考的问题，尊老是一种感恩的行为，爱幼是一种义务的奉献。父母孝敬老人的同时，也在给子女做着榜样，如果希望自己晚年能够得到孝敬，就必须以身作则，孝敬老人。如果我们能够把爱幼的感情转移一点到尊老上来，老人定会满意；如果在爱幼的过程中少几分溺爱，多一点思考，孩子方能成才。尊老爱幼，绝对不是一句口号，它需要用心思考，用爱实践。

目录

ZHONGHUACHUANTONGMEIDEBAIZIJING

中华传统美德百字经

尊·尊老爱幼

第一篇

老吾老，以及人之老

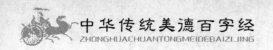

贺若弼继承遗志

◎老人受尊敬，是人类精神文明社会的最美好的一种
特权。——格言

贺若弼（544—607年），字辅伯，洛阳人，隋朝著名将领。其父是北周将领，以武猛闻名。隋开皇元年（581年），贺若弼经尚书左仆射高颎推荐，任吴州总管，镇守江北要地广陵（今江苏扬州），做灭陈准备。他献取陈十策，获隋文帝杨坚称赞。

　　贺若弼的父亲贺若敦，是北周时著名的将领。当时在长江以北，北周与北齐以洛阳为界互相对峙。长江以南则是陈朝，北以北齐为邻，西与北周对峙。武成二年（560年），贺若敦奉命率兵渡过长江，占领了陈朝所辖的湘州（今长沙）。因为孤军深入，粮饷不继。一年后，他又被迫撤回江北。掌握北周大权的宇文护以失地无功为名，罢了贺若敦的官。贺若敦不仅没有得到奖赏，反而受到惩罚，心里很不服气，四处抱怨，因此激怒了宇文护，保定五年（565年），宇文护逼令贺若敦自杀。

　　贺若敦临死时，把贺若弼叫到跟前，嘱咐说："我曾下决心平定江南，然而这一愿望没有实现，你应当完成我的遗志。我因为爱说而致死，你千万不可忘记这个教训啊！"说罢，就用锥子把自己的舌头刺出血来，作为告诫。这时，贺若弼已是22岁的青年了。

　　贺若弼少年时胸有大志，为人慷慨，刻苦练武，勇敢不凡，同时又博览群书，在当时的贵族子弟中很有名望。后来被齐王宇文宪所看中，让他到齐王府做记室，管理王府的文书。不久被封为当亭县公，官至小内史，成为皇帝亲近的一名官员，参与一些机要大事的处理。

建德六年（577年），北周武帝灭掉了北齐，完成了北方的统一，形成了和陈朝南北对峙的局面。大成元年（579年），周宣帝以大将韦孝宽为元帅，率军伐陈，贺若弼跟随出征。周军先后攻占了淮南的寿阳（今安徽寿县）、广陵（今江苏扬州）等数十个城镇，陈朝江北之地尽为北周所占有。在这次战斗中，贺若弼立了大功，史书称这次战斗的胜利，多出于贺若弼的谋划。战争结束后，周宣帝提升贺若弼为寿州刺史，改封襄邑郡公，镇守淮南。这为贺若弼实现父亲的遗志创造了条件。

周宣帝死后，大权旁落到丞相、外戚杨坚手中。以尉迟迥为首的大官僚发现了杨坚篡权的野心，便起兵发难。贺若弼因受到怀疑被押解到京师长安软禁了起来。

杨坚平定反叛后，于581年废掉宣帝的儿子静帝，自立为皇帝，改国号为隋，史称隋文帝。同时着手准备伐陈统一全国的工作。这时宰相高颎向他推荐贺若弼，建议加以重用，说：“朝臣之内，论文武才干，没有人能比得上贺若弼。”

于是隋文帝任命贺若弼为吴州总管，出镇广陵，肩负伐陈的重任。广陵、寿州和庐州是隋朝渡江伐陈的根据地，贺若弼喜出望外。因为实现父亲的遗志，完成国家的统一，施展自己雄才大略的千载难逢的机会终于到来了。到达广陵后，他抑制不住内心的兴奋之情，写了一首诗，赠给寿州总管源雄，诗中写道：“交河骠骑幕，合浦伏波营。勿使麒麟上，无我二人名。”意思是说，你我统率水陆大军镇守大江之北，肩负伐陈重任，一定要在伐陈战争中取得功名。诗中的麒麟，是指汉武帝在长安未央宫内所建的麒麟阁，西汉宣帝时曾在阁里图画霍光等十一名功臣像。贺若弼引用这个典故与源雄互勉，充分反映了他以伐陈为己任的雄心大志和必胜信心。

◎故事感悟

继承父亲的遗志，完成父亲的重托，是最好的敬老举动。贺若弼不忘父志，

终于为隋朝的统一立了首功（攻占陈首都建康），留名青史。老者的遗志，往往对后辈有着警示或推动前进的作用，这就需要以"尊老"的精神去领会、去实践。

◎史海撷英

贺若弼免祸

周武帝宇文邕当政时期，对太子的要求十分严格。但太子德行不端，害怕武帝知道，便矫情掩饰，所以太子的过失周武帝并不知道。上柱国乌丸轨曾对贺若弼说："太子必不克负荷。"（《资治通鉴·卷第一百七十二》）贺若弼深以为然，便劝乌丸轨告诉武帝。于是，乌丸轨便借机对武帝说："太子非帝王器，臣亦尝与贺若弼论之。"

周武帝忙召问贺若弼，但贺若弼知道，太子的地位已是不可动摇，而且牢记父亲临终前的遗言，担心祸及其身，便回答说："皇太子德业日新，未睹其阙。"（《隋书·贺若弼列传》）武帝听后默然不语。

事后，乌丸轨指责贺若弼出卖自己。贺若弼却说："君不密则失臣，臣不密则失身，所以不敢轻议也。"（《隋书·贺若弼列传》）果然，后来太子继位，乌丸轨被诛杀，而贺若弼却免受其祸。

◎文苑拾萃

隋朝都城——大兴（长安）

隋朝的大兴城，也就是唐代的长安城，是隋唐两朝的首都，也是当时世界上规模最大的城市和中国古代最大的都城。

整个城市由外郭城、宫城和皇城三部分组成，面积达 83 平方公里。城内百业兴旺，隋朝时居住的人口最多时接近 50 万。唐朝末年，首都迁到洛阳后，这里便被拆毁，其遗址位于今陕西省西安市的城区、东郊、南郊（大部分）和西郊（小部分）等大片地带。

1996 年，隋大兴、唐长安城遗址被中华人民共和国国务院公布为第四批全国重点文物保护单位之一。

曾子敬老的故事

◎大孝尊亲，其次弗辱，其下能养。——曾子

曾参（公元前505—前436年），字子与，又称曾子。春秋末年鲁国南武城人。孔子的七十二弟子之一。出身贫寒，一生经历坎坷，但终生讲求修身养性，主张"日三省身"。

孔子的弟子曾子一向以孝道出名。他不仅在行为上恪守孝道，而且还有一套理论主张。他把孝分为三种，即大孝尊亲，其次弗辱，其下能养。

曾子在孔子门下受业学习多年，而且已是学有所成。那时，他家境贫寒，为了养活父母，他在离家很近的莒国出仕做了个小吏。虽然俸禄只有几斗米，但他仍然十分欢喜，因为他可以用自己的所得供养双亲了。后来，他成了大名士，双亲也老了，他就不再外出谋官。当时，齐国聘请他做相国，楚国委任他为令尹，晋国请他做上卿，都被他拒绝了。

曾子孝敬双亲，甚至到了愚孝的程度。

一天，曾子到他家的瓜地里去锄草。一不小心，把瓜苗锄掉了好几棵。曾子很心疼，自责自己的粗心。

这时，正赶上他父亲拄着棍子来薅草，一看见曾子把瓜苗锄掉好几棵，气不打一处来，没问青红皂白，举起大棍，照着曾子的脑袋就打来。本来，曾子稍一侧身，棍子就不会落在他的头上的。但曾子想，自己错了，应该让父亲打几下消消气，就没有躲闪，仍立在原地。因父亲用力过猛，曾子被打倒在地，不省人事了。这可吓坏了父亲，后悔自己出手太重。老人连呼带叫，

揉了半天，曾子才苏醒过来。

为了不使父亲为自己担忧，曾子赶紧爬起，好像没挨过打似的向父亲赔不是，并走进瓜棚，拿过琴来弹给父亲听，让父亲消气。

曾子不仅对父亲如此，就是对后母也十分孝敬，甚至休了妻子以敬后母。曾子的后母对他十分刻薄，一点恩义也没有，但曾子毫无怨言，像对父亲那样，孝顺备至。

有一次，他让妻子为后母做藜羹，妻子一时粗心，没蒸熟就端了上去。曾子知道后，大为恼火，立刻写了休书，将妻子撵出门去。知情人都认为太过分了，责问他说："妇人犯了七出之条，才能休掉。藜羹不熟，这样区区小事，你为什么要因此休妻呢？"

曾子说："藜羹确实是件小事，但我叫她煮熟奉母，她竟然不听我话。这样的人，如何可以留下她呢？"

然而曾子毕竟疼爱自己的妻子，为了珍惜夫妻感情，终身没有再娶。

父母亡故之后，曾子游历到楚国，做了大官，出门百乘相随，大队仪仗呼拥，场面十分宏大。可曾子并不高兴，他常常面北哭泣，因为在他看来，官再高，禄再丰，父母已经亡故，无法再奉养双亲了。父母没能过上荣华富贵的日子，太可怜了。

◎故事感悟

曾子不仅对亲生父母的孝敬竭尽全力，对待后母供养同样不怠。他对后母像对待亲生母亲一样无微不至，尊老当如是啊！

◎史海撷英

曾子反对"盖天说"

在我国古代时期，"盖天说"的宇宙观出现得最早。它从直观出发，对天地进行了描述，认为天是圆形，好像伞盖；地是方的，好似棋盘，即"天圆地方"

说。然而，曾子认为，"天圆地方"说存在着矛盾，于是提出"如诚天圆地方，则是四角之掩也"（《曾子·天圆》）。曾子说，如果真是天圆地方，那么半球形的天与方形的大地怎么能够吻合呢？进而探索到天地之规律，万物之本源。《曾子·天圆》中指出："阳之精气曰神，阴之精气曰灵，神灵者品物之本也。阴阳之气各从其行则静矣。偏则风，俱则雪，交则电，乱则雾，和则雨。阳气胜，则散为雨露；阴气胜，则凝为霜雪。阳之专气为雹，阴之专气为霰。霰雹者，一气之化也。"

◎文苑拾萃

曾子避席

有一次，曾子在孔子身边侍坐，孔子问他："以前的圣贤之王有至高无上的德行，精要奥妙的理论，用来教导天下之人，人们就能和睦相处，臣民对君王也没有不满，你知道它们是什么吗？"

曾子听了，明白老师孔子这是要指点他最深刻的道理了，于是立刻从坐着的席子上站起来，走到席子外面，恭恭敬敬地回答说："我不够聪明，哪里能知道，还请老师把这些道理教给我。"

赠曾子固

（宋）王安石

曾子文章众无有，水之江汉星之斗。
挟才乘气不媚柔，群儿谤伤均一口。
吾语群儿勿谤伤，岂有曾子终皇皇。
借令不幸贱且死，后日犹为班与扬。

白居易尊老的故事

◎使老者事长，少者敬老。——白居易

白居易（772—846年），汉族，河南新郑人，字乐天，晚年又号香山居士。是中国文学史上久负盛名且影响深远的唐代诗人和文学家。他的诗歌题材广泛，形式多样，语言平易通俗，有"诗魔"和"诗王"之称。官至翰林学士、左赞善大夫。有《白氏长庆集》传世，代表诗作有《长恨歌》、《卖炭翁》、《琵琶行》等。

白居易一生都十分关心百姓，特别是关爱老年人。

白居易曾任江州（今江西省九江市）司马，忠州（今四川忠县）、杭州、苏州等地的刺史。每到一个地方，白居易都让手下的官员先找来本地的一些德高望重的老人，然后倾听他们的意见，以便制定地方的施政方略。公务之余，白居易还经常简装便服，到百姓中听取他们的街谈巷议。当听到一些老人遭受子女虐待的事时，白居易都特别生气，立即派人将这些不孝子女传讯来，以情理责之，直到他们口服心服地承认错误，并答应一定要孝敬老人时，才肯放他们离去。

遇到一些贫困的老人前来求援，白居易总是热心接待，尽力周济他们。在白居易任忠州刺史时，有一年冬天，一位因兵乱而流落到川的老人前来找他。白居易见这位老人衣不遮体、饥寒交迫，当即送给老人寒衣和回家乡的路费。老人捧着这些钱物，眼泪纵横，千恩万谢。望着老人远去的背影，白居易心酸地吟道："八十泰翁老不归，南宾太守乞寒衣。再三怜得非他意，天宝遗民见更稀。"

忠州城内有一位以卖麻饼为生的老妪，因制作技术差，生意清淡，入不敷出，生活十分拮据。有一次，白居易路过老妪的店前，在与老妪交谈中得知情况，非常同情。回去后，白居易花了好几天的时间，创造了一种发酵麻饼的制作工艺，并向老妪传授，使她家很快摆脱了贫困。后来，这种麻饼盛名远扬，当地人因白居易晚年号"香山居士"，遂给这种麻饼取名为"香山蜜饼"。

由于白居易的德政深得人心，因此在他离任时，地方百姓都扶老携幼地倾城出来为他送行，许多得到白居易恩惠的老人更是痛哭流涕，依依难舍。白居易在离开苏州时，一些老人竟随舟送出十里之外。

白居易一生写下了几千首诗歌，其中有相当一部分是写老人题材的。如《江南遇天宝乐叟》是写宫廷老乐工的，《杜陵叟》是写老农夫的，《上阳白发人》是写老宫女的。这些诗歌都脍炙人口，流传至今。在这些充满血泪的诗歌中，饱含了白居易对穷苦、善良的老人们深切的同情和关怀。

白居易还曾专门就养老的问题给皇帝上过一道奏疏。在奏疏中，白居易提出：养老之道，不仅仅只是发给老人们一些衣帛和食物，更重要的是要使老人们生活在一个安定的社会，有一个安居乐寿的生活环境。"牧以仁贤，慎其刑罚"，使老人们得以长寿；"不夺其力，不扰其时"，使老人们过上富足的生活；"使老者事长，少者敬老"。这些见解，有其独到之处。

◎故事感悟

为官一任，造福一方。如果为官者都能像白居易那样，尊老敬老，关心老年人的疾苦，帮助老年人排忧解难，自然会受到百姓拥戴。

◎史海撷英

白居易的诗歌主张

白居易一生创作了许多诗歌作品，他的诗歌主张和诗歌创作以其对通俗性、

写实性的突出强调和全力表现，在中国诗史上占有重要的地位。

在《与元九书》中，白居易明确地说："仆志在兼济，行在独善。奉而始终之则为道，言而发明之则为诗。谓之讽喻诗，兼济之志也；谓之闲适诗，独善之义也。"由此可以看出，在白居易自己所分的讽喻、闲适、感伤、杂律四类诗中，前两类体现着他"奉而始终之"的兼济、独善之道，所以最受重视。而他的诗歌主张，也主要是就早期的讽喻诗的创作而发出的。

◎文苑拾萃

生离别

（唐）白居易

食蘖不易食梅难，蘖能苦兮梅能酸。

未如生别之为难，苦在心兮酸在肝。

晨鸡再鸣残月没，征马连嘶行人出。

回看骨肉哭一声，梅酸蘖苦甘如蜜。

黄河水白黄云秋，行人河边相对愁。

天寒野旷何处宿，棠梨叶战风飕飕。

生离别，生离别，忧从中来无断绝。

忧极心劳血气衰，未年三十生白发。

李时珍敬老得偏方

◎敬老者，得真知，得实惠。——格言

> 李时珍（1518—1593年），字东璧，号濒湖，湖北蕲州（今湖北省蕲春县蕲州镇）人，其父李言闻是当地名医。李时珍继承家学，尤其重视本草，并富有实践精神，肯于向劳动人民学习。李时珍38岁时，被武昌的楚王召去任王府"奉祠正"，兼管良医所事务。三年后，又被推荐上京任太医院院判。太医院是专为宫廷服务的医疗机构，当时被一些庸医弄得乌烟瘴气。李时珍在此只任职了一年，便辞职回乡。李时珍曾参考历代有关医药及其学术书籍八百余种，结合自身经验和调查研究，历时二十七年编成《本草纲目》一书。此书是我国明朝以前药物学的总结性巨著。在国内外享有很高的评价，已有几种文字的译本或节译本。另著有《濒湖脉学》、《奇经八脉考》等书。

1518年，李时珍出生在湖北蕲州东门外的瓦硝坝。李时珍从小就体弱多病，幸亏父亲是位医生，通过精心调治，李时珍的身体才逐渐好起来。因此，李时珍从小就对父亲特别崇敬。

青年时代的李时珍在考中秀才后，又去考举人，结果连考三次都失败了。从此，他不再应考，而是立志跟着父亲学医。

李时珍在当了医生以后，发现前人整理的药书中有不少错误。庸医根据这样的药书给人治病，经常治死人。比如，有一个大夫错把狼毒当成防葵，另一个医生把勾吻当成黄精，结果都治死了人。医生固然有责任，但李时珍一查，原来古代的药书中都把这几种药材记错了！

这件事对李时珍产生了很大的触动。从此，年轻的李时珍立下宏伟的志愿，决心重新修订古代传下来的医药大全——《本草》。这是件极为复杂的工

作，好在李时珍有一位医术高明、德高望重的父亲。他有什么不明白的问题，都会虚心地向父亲请教。

一天，李时珍问父亲："书上记载白花蛇身上有二十四块斜方块花纹，是真的吗？"

父亲笑着对他说："咱们蕲州这个地方就出白花蛇，你去凤凰山捉一条，不就知道了吗？"

李时珍心想：对呀！父亲虽然经验丰富，也不是事事都亲身经历过呀。自己还年轻，为什么不可以进山捉一条白花蛇呢？

李时珍请了一个专门捕蛇的老汉，他俩进了凤凰山。捕蛇人捉到了一条白花蛇，李时珍一看，白花蛇身上果然有二十四块斜方块花纹。

李时珍遵循父亲的教导，通过实践得出真知。这种办法十分可靠。他为了得到更多的书上学不到的知识，决定到各地去游历。他先后到过河南、河北、江苏等地，牛首山、天柱峰、茅山等地都留下过他的足迹。

一次，李时珍听说太和山上有一种很稀奇的果子叫榔梅，人吃了能长寿。他为了弄个水落石出，亲自上了太和山，在山间一座破庙里休息，他一边擦汗一边向看庙的老人请教："这山中可产榔梅？"

"你想采榔梅？那是仙果，可不能去采啊！"老人说："正面山路上皇上派兵守着！"

他向老人问清了上山的小路，摸进了山中，采到了榔梅。他仔细辨认了一下，发现榔梅不过是一种榆树类的果实，根本不是什么吃了能长寿的仙果！

在李时珍38岁那一年，皇帝命令各地官府把全国各地的名医推荐到太医院，李时珍也被推荐进京。但李时珍根本不愿进京当太医，由于听说在太医院里可以看到许多在民间看不到的医药书籍，他才进京任职。李时珍在太医院里饱览了各种药书，增长了不少知识。看够了，他就提出要辞职回家。在一般人看来，李时珍是个傻瓜。其实，他才不傻呢！他不愿意在京做官，他要回家修订"本草"这本巨著去呢！

路上，在经过一个驿站的时候，他看见一个赶车的老车夫把一种粉红色的花放到锅里煮。

李时珍问道："老伯，煮这花做什么？"

车夫说："我们赶车的筋骨容易得病，经常煮点儿旋花汤喝，可以治疗筋骨病。"

李时珍高兴地把老车夫的话记下来。他无限感慨地说："想不到我从老百姓中得到这么多有用的偏方啊！谢谢您，老伯！"

回到家中，李时珍率领着徒弟、儿子们经过27年的辛勤劳动，从几百万字的笔记中整理出一百多万字的巨著《本草纲目》。这本举世闻名的药书不仅花费了李时珍毕生的心血，也凝聚着数千年来我国劳动人民智慧的结晶。图书完成的那一年，李时珍已经71岁了。

◎故事感悟

如果李时珍不尊重老者，不虚心听取有经验老者的意见，他的成就也必然会大打折扣。他这种尊老敬老的精神值得我们学习。在日常生活中，我们也要尊重、聆听老者的意见。

◎史海撷英

中医学

中医学是研究人体的生理病理、疾病诊断与防治以及摄生康复的一门传统医学科学，至今已有数千年的历史。

中医学以阴阳五行作为研究的理论基础，将人体看成是气、形、神的统一体，通过望、闻、问、切四种诊断方法，探求病因、病性、病位，分析病机及人体内的五脏六腑、经络关节、气血津液的变化，从而判断邪正消长，进而得出病名，归纳出证型，以辨证论治原则，制定"汗、吐、下、和、温、清、补、消"等治法，使用中药、针灸、推拿、按摩、拔罐、气功、食疗等多种治疗手段，使人体达到阴阳调和而康复。

中医学的最终目标并不仅止于治病，更进一步是帮助人们达到如同在《黄帝内经》中所提出的四种典范人物，即真人、至人、圣人、贤人的境界。

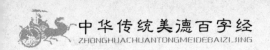

 # 康乾盛世的"千叟宴"

 ◎抽秘无须更骋妍，惟将实事纪耆筵。追思侍陛髫垂日，讶至当轩手赐年。——乾隆

清高宗乾隆（1711—1799年），姓爱新觉罗，讳弘历，是雍正帝第四子。乾隆于雍正十三年即位，为清代入关第四帝。乾隆六十年禅位于十五子颙琰，自己成为太上皇。乾隆在位共60年，是中国封建史上在位时间第二长的皇帝，仅次于祖父康熙帝，而且他是寿命最长的皇帝。

　　清代的康熙、雍正、乾隆三朝，史称"康乾盛世"。康熙、乾隆两位帝王凭借雄厚的国家财力和安定的社会环境，先后几次举行规模宏大的"千叟宴"，为"康乾盛世"添写了一段佳话。

　　康熙五十一年（1712年），康熙帝即位已有50余年，天下大治，经济繁荣，社会稳定。正如康熙帝所说的那样，此时外面已无军事征战的粮饷开支，内部也无大兴土木的费用。于是，他在这一年作出了一项重大决定：以康熙五十年全国人丁总数为常额，其后出生的人丁不再征收丁赋（即丁税，或称人头税）。历朝历代，皆收丁税，已实行了两千多年，到这时由康熙帝宣布永远废除，此即"盛世滋生人丁，永不加赋"之意。

　　同年十月，康熙帝又宣布：自康熙五十年为始，三年内，全国地丁钱粮全免一次。据统计，这三年内普免全国农业人丁应新征的和旧欠的税银共3206万余两。这个数额，约相当于康熙中期后半年的国家税收。这一举动实属前朝未有之事。

两项历史性的决策，是当时"海宇升平，国用充足"的表现，也使广大农民及其他劳动者从中获得了实惠。康熙帝要求各总督、巡抚"务须实心奉行，体朕轸念民生至意"。

康熙五十二年（1713年）三月十八日，适逢康熙帝六十寿辰。各省众多百姓及退休的官员以老年人居多，纷纷从千里之外赶来京师，请求为其祝寿，"借此表达对朝廷尤其是对康熙帝的感激之情"。康熙帝为臣民的热忱所感动，便决定在生日的这一天接见他们，并择日举行盛大宴会，颁赏礼物，以答谢臣民们对他的拥戴。这便是"千叟宴"的由来。

按照康熙帝的旨意，此次宴会分批举行。三月二十五日，在畅春园正门前，正式举行盛大的"千叟宴"。首先邀请各省汉族大臣、中下层官员与百姓，其中年龄在90岁以上的老人有33人，80岁以上的有538人，70岁以上的有1823人，65岁以上的有1846人，总共4240人。参加者皆属老人，人数在千人以上，故称"千叟宴"。

康熙帝传谕：宴会上，让他的子孙与皇室的人亲自执酒器，给老人们斟酒，而老人们都不必拘礼，也无需起立，以此表示他对老人的优待和敬老的殷切心意。席间，康熙帝命众子孙扶着80岁以上的老人到他的御座前，他要亲自看着他们一一饮酒。宴后，康熙帝又逐一赐给老人们银两。

二十八日，康熙帝又专门宴请八旗满洲、蒙古、汉军、大臣官员、兵丁及闲散人中的老人，其中90岁以上的有7人，80岁以上的292人，70岁以上的有1394人，65岁以上的有1012人，共2705人。同前一次宴会一样，康熙帝命其皇子们代表他颁赐食品，命宗室子孙们执酒壶给老人们斟酒，并请80岁以上的老人至其御座前饮酒。

当日，康熙帝还在畅春园宫门前专赐宴70岁以上的老妇人及大臣妻室数百人。与前两次稍有不同，因为是宴请老年妇女，皇太后特意参加，与康熙帝一道向她们颁赐茶果酒食。

三批共宴请老人超过了7000人。康熙帝为表达他"养老尊贤"的心意，又对全国老人颁赏：各省70岁以上至百岁以外的老人，各赏给布、绢等若干，折合成白银，总计89万两；每人又赏给粮食，总共为16.5万石。这些赏赐，皆为专给年老的汉民夫妇。八旗满洲、蒙古、汉军年老夫妇，以及各级官员年老者另给赏赐，不在上列数字的统计之内。

康熙帝做事一向从简，不事铺张。诸如各种节庆，包括每年寿庆，都是搞一个简单的仪式而已，如上尊号，一概拒绝。唯此次破例，大办"千叟宴"，赏全国各省老人，是康熙帝有感于广大百姓对他的爱戴之情，以此种方式予以答谢。花费不少，却用到了老百姓身上。

乾隆朝承康熙、雍正之后，到其中期，清朝已进入鼎盛，清人称之为"全盛"、"极盛"。此时，政局稳固，经济空前繁荣，社会安定，满汉和谐，边疆安宁。土地耕种面积不断扩大，国库资金常年储备保持在7000余万两，最高达到8000万两，被称为"国朝府藏之极盛"（《圣武记》），这也是清朝国库资金存储的最高纪录。乾隆帝说："天下之财，只有此数，不聚于上即散于下。"他的意思是说，国家资金有限，不存储在国库里，就散给百姓。他又说："国家资财，莫先于足民"（《清高宗实录》），意思是国家的资财，应首先满足百姓的需要。

乾隆帝效仿康熙帝的做法，从乾隆十一年到五十五年（1746—1790年），相继四次普免全国钱粮赋税，总数达到1.2亿两。广大农民及其他劳动者都分享到盛世的成果。故后人记载称："万民欢悦，颂声如雷；吴中谣，有'乾隆室，增寿考；乾隆钱，万之年'之语。"（《啸亭杂录》）

乾隆帝又增开"宗室宴"、"民族宴"，显示其鼎盛时期的繁荣景象。乾隆帝于乾隆四十七年（1782年）在丰泽园举行盛大的"宗室宴"，人数达3000余人，也是以老人居多，意在叙亲情之谊。此情此景，亦"极一时之盛"（《啸亭续录》）。乾隆帝在平定新疆战乱后，蒙古、维吾尔、回族等上层王公前来朝贡。乾隆帝即于避暑山庄之万树园中，设能容千余人的大黄幄殿，举行盛大的"民族宴"，款待来朝贡的各族王公，亲自赐酒，以示无内外之别。

乾隆五十年（1785年）正月初六，乾清宫又正式举行盛宴。规定凡内外文武官员60岁以上者，皆在其列。进而又扩大到边地土司、蒙古、回部五公以及生活在底层，年在70岁以上的耆老士民、八旗兵丁以及工匠役人等，总计3900余人。乾隆帝也仿效其祖父康熙帝，命皇子皇孙等分别向老人执爵献酒，召年过90岁的老人至御座前一起饮酒。

十一年后，即嘉庆元年（1796年）正月，乾隆帝再次举行"千叟宴"。此次与宴人员达5900人，盛况空前，皇极殿充满了欢乐的气氛。宴会结束时，乾隆向与宴的臣民们颁发如意、寿杖、缯绮、貂皮、银牌等物。其中，银牌自15两至30两不等，依据年龄而分出等次，加上其他赏赐，此次动用白银达百余万两。

◎故事感悟

康熙与乾隆两帝先后多次举行"千叟宴"，以最后一次规模最大。史家对此举动的评价是：康乾两帝"三举盛典"，使平民百姓，尤其是老人们"欢饮殿庭"，实属前所未有之事。康乾盛世"千叟宴"，被后人传为佳话。

◎史海撷英

乾隆建造圆明园

清代乾隆皇帝统治时期，除下江南游荡猎奇外，乾隆还曾花费巨资在北京西郊营造繁华盖世的皇家园林圆明园。在修建过程中，东造琳宫，西增复殿，南筑崇台，北构杰阁，可谓说不尽的巍峨华丽。又经文人学士、良工巧匠费了无数心血，这里凿池，那里叠石，此处栽林，彼处莳花，繁丽之中，点缀景致，不论春秋冬夏，都觉相宜。同时乾隆还责成各省地方官搜罗珍禽异卉，古鼎文彝，把中外九万里的奇珍，上下五千年的宝物，一齐陈列园中，作为皇帝家常的供玩。

◎文苑拾萃

中华各族一统

清朝历经"三祖三宗"——太祖努尔哈赤、世祖顺治、圣祖康熙和太宗皇太极、世宗雍正、高宗乾隆六代，到乾隆统治时期，国家达到了鼎盛。

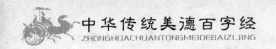
其实，清朝在乾隆帝统治时期才真正实现了大一统。乾隆在其祖宗既有成就的基础上，进一步巩固并开拓了中国的疆域版图，维护并加强了中华的多民族统一。乾隆统治时期，中国领土东起大海，西达葱岭，南达曾母暗沙，北跨外兴安岭，西北到巴尔喀什湖，东北到库页岛，总面积达到1310万平方公里，为历代第二大，实际控制面积则为历代之首。清乾隆时期全国的人口也突破了三亿大关。

乾隆帝继续推行改土归流政策，加强了少数民族地区与中原的联系，这对促进少数民族地区的发展、增进民族间的交往和民族融合起了很大作用。在乾隆朝，中国成为了一个疆域广大的统一的多民族国家。

郑板桥巧破对联

◎衙斋卧听萧萧竹，疑是民间疾苦声。些小吾曹州县吏，一枝一叶总关情。——郑板桥

> 郑燮（1693—1766年），字克柔，号理庵，又号板桥。江苏兴化人，祖籍苏州。清代著名书画家、金石家、诗人。历史上的杰出名人，"扬州八怪"的主要代表，以"三绝诗书画"闻名于世。

郑板桥在山东潍县担任县令时，喜欢微服私访体察民情。

有一天，郑板桥领着一名书童走到城南一个村庄，看到一所民宅的门上贴着一副新对联：

家有万金不算富，命中五子还是孤。

郑板桥感到很奇怪，既不过年又不过节，这家贴对联做什么？而且对联又写得十分含蓄古怪。于是，他便叩门进宅，见家中有一老者。老者强颜欢笑将郑板桥让进屋内。郑板桥见老人家徒四壁，一贫如洗，便问道："老先生贵姓？今日有何喜事？"老者唉声叹气说："敝姓王，今天是老夫的生日，便写了一副对联自娱，让先生见笑了。"郑板桥似有所悟，向老者说了几句贺寿的话，便告辞了。

郑板桥一回到县衙，就命差役将南村王老汉的十个女婿都叫到衙门来。书童纳闷，便问道："老爷，您怎么知道那老汉有十个女婿？"

郑板桥给他解释说："看他写的对联就知道了。小姐乃'千金'，他'家有

万金'不是有十个女儿吗？俗话说了，一个女婿半个儿，他'命中五子'，也正是十个女婿呀。"

书童一听，恍然大悟。

老汉的十个女婿到齐后，郑板桥给他们上了一课。不仅讲了孝敬老人的道理，还规定十个女婿轮流侍奉岳父，让他安度晚年。最后又严肃地说："你们中如有哪个不善待岳父，本县定要治罪！"

第二天，十个女儿带着女婿都上门看望老人，并带来了不少衣服、食品。王老汉对女婿们一下子变得如此孝顺有点莫名其妙，一问女儿，方知昨日来的是郑大人。

◎故事感悟

　　正所谓"敬老如敬子"，不仅道出了"孝"的重要意义，同时也告诉我们"敬"的重要意义。怎样去尊敬老人呢？用不着长篇大论，能做到"敬老如敬子"这五个字就足够了。养老、敬老、尊老、爱老的美德定会一代又一代地传承下去。这样，老人的晚年生活将会更加幸福，家庭的气氛将会更加温馨，我们的社会也一定会更加安定和谐。

◎史海撷英

郑板桥卖画扬州

郑板桥在30岁以后，生活比较困苦，于是就卖掉了以前开的学馆，到扬州以卖画为生，实救困贫，托名"风雅"。在扬州卖画十年期间，郑板桥也穿插进行了一些旅游活动。

郑板桥32岁时出游江西，在庐山结识了无方上人和满洲士人保禄。33岁，他出游北京，与禅宗尊宿及其门羽林诸子弟交游，放言高论，臧否人物，因而得狂名。在京期间，郑板桥还结识了紫琼崖主人。35岁，他客居通州。36岁，他在扬州天宁寺读书，手写《四书》各一部。37岁时，他作《道情十首》初稿。39岁，夫人病殁。郑板桥扬州十载，结识了许多画友，金农、黄慎等都与他过往甚密，对他的创作思想乃至性格都产生了极大的影响。

◎文苑拾萃

胭脂井

（清）郑板桥

辘辘转转，把繁华旧梦，转归何处？

只有青山围故国，黄叶西风菜圃。

拾橡瑶阶，打鱼宫沼，薄暮人归去。

铜瓶百丈，哀音历历如诉。

过江咫尺迷楼，宇文化及，便是韩擒虎。

井底胭脂联臂出，问尔萧娘何处？

清夜游词，后庭花曲，唱彻江关女。

词场本色，帝王家数然否？

石头城

（清）郑板桥

悬岩千尺，借欧刀吴斧，削成城郭。

千里金城回不尽，万里洪涛喷薄。

王浚楼船，旌麾直指，风利何曾泊。

船头列炬，等闲烧断铁索。

而今春去秋来，一江烟雨，万点征鸿掠。

叫尽六朝兴废事，叫断孝陵殿阁。

山色苍凉，江流悍急，潮打空城脚。

数声渔笛，芦花风起作作。

汤飞凡给父亲送饭

◎母亲不在了，我们一定不能让父亲饿着。——汤飞凡

汤飞凡（1897—1958年），湖南醴陵汤家坪人，中国第一代医学病毒学家。在病毒学发展的早期，他用物理方法研究阐明病毒的本质。1955年，他首次分离出沙眼衣原体，是世界上迄今为止发现重要病原体的第一人，也是唯一一个中国人。他对中国的生物制品事业的发展有不可磨灭的功绩。

1981年5月11日，国际沙眼防治组织在巴黎举行的一次会议上，把一枚金质奖章授予世界上第一个分离出沙眼病毒的中国微生物学家汤飞凡。可惜的是，此时汤飞凡早已不在人世了，没能亲眼见到这枚奖章。

汤飞凡的父亲是一位正直和善的农村知识分子，母亲是一位贤惠、勤劳的家庭妇女。

汤飞凡家里很穷，全家都靠父亲当乡间私塾先生的微薄收入度日。汤飞凡从小就十分懂事，从不惹父母生气，有空儿就跟父亲学习读书写字，一写就写好几篇，读书也是不到背熟不停止。

为了节省开支，母亲每天都把午饭做好后，让孩子们把饭送到学堂。这样，父亲就用不着来回跑路了，还能节省家里的开支。

飞凡在几个孩子当中，是往学堂里给父亲送饭次数最多的一个。他把饭送到学校后，父亲要留他在学堂里一起吃饭，因为母亲经常在给父亲的饭里放一只鸡蛋，或者放些蒸咸肉。飞凡为了让父亲有一副好身子骨，不肯与父亲同吃。他坚持回家跟母亲和兄弟姐妹们吃糙米饭和腌菜叶。

飞凡的母亲在操持家务之余，也很注意对孩子们的教育和培养。她忙完了家务，晚上在灯下教孩子们识字，有时还给他们讲古代英雄豪杰的故事。母亲是飞凡最敬重的人，他经常帮助母亲担水、洗菜、做饭，使劳累不堪的母亲减轻了不少负担。

天有不测风云，人有旦夕祸福。小飞凡做梦也没有想到，像母亲这样好的人竟染上了病。母亲病得很厉害，乡间缺医少药，飞凡刚刚进入少年时代，母亲就离开了人世。

母亲的去世使飞凡家失去了一个主心骨。善良的父亲遭受了这一打击之后，便过早地苍老了。家里的日子更加艰难了。

母亲的病故是小飞凡在人生道路上遇到的一个严重打击。几个孩子在房间里望着外屋发愣的父亲，心里都很难过。小飞凡和弟兄们商量说："母亲不在了，父亲每天中午吃饭都成了问题，我们一定不能让父亲饿着……"

弟兄们都同意飞凡的主意。

第二天将近中午的时候，父亲正在上课，突然发现在学堂里读书的小飞凡不见了，感到很纳闷儿。当他讲完了课，穿起外衣正准备赶回家去为孩子们做饭的时候，房门突然开了，是小飞凡提着一个篮子赶来了。他见了父亲笑着说："父亲，我给您送饭来了，快趁热吃！"

一切全明白了，小飞凡是在最后一节课回家给父亲做饭去了。父亲一下子严肃起来："你的学业可不能荒废呀！"

飞凡说："我们都商量好了，每天中午轮流回家做饭，落下的课，晚上补，有不明白的，再问您，这样行吗？"

孩子们把今后的日子竟安排得这么周到，父亲还能说什么呢？再说，如果不用这个办法，又怎么解决中午吃饭的问题呢？

父亲打开盛饭的篮子，照例，碗中有一个腌鸡蛋，几块咸肉，一切和妻子在世时的一样。

小飞凡向父亲告辞，跑回家去吃饭。

望着小飞凡远去的背影，父亲的眼里流出了眼泪。

◎故事感悟

汤飞凡年纪轻轻，竟能如此尊老爱老，这种精神值得钦佩！我们在日常生活中也要以这种尊老爱老的品行要求自己，让自己和家人，还有身边的老者都能幸福地生活！

◎史海撷英

"汤氏病毒"的诞生

1955年7月，汤飞凡开始进行沙眼衣原体病毒分离病毒试验。他采用研究立克次体常用的卵黄囊接种。

汤飞凡分析了影响病毒分离的因素，认为除了选择敏感动物和适宜的感染途径外，还需要抑制杂菌的生长，便决定在标本中加入抗生素作为抑制剂。由于当时临床上已知道链霉素治疗沙眼无效，而青霉素有无疗效还不明了，所以就选了这两种抗生素，没想到结果很顺利，只做了八次试验就分离出了一株病毒。

这个世界上第一株沙眼病毒被汤飞凡命名为 TE8，T 表示沙眼，E 表示鸡卵，8 是第八次试验。后来，许多国家的实验室都将它称为"汤氏病毒"。

梅兰芳敬老爱老

◎如今沦落长安市，幸有梅郎识姓名。——齐白石

> 梅兰芳（1894—1961年），原籍江苏泰州，生于北京。著名京剧表演艺术家。在半个多世纪的艺术生涯中，不断探索，不断革新，在艺术上精益求精，虚心好学，形成自己独特的艺术风格，也称"梅派"。对我国京剧事业的发展作出了突出的贡献。

戏剧大师梅兰芳先生，不仅在我国戏剧艺术发展史上拥有光辉的一页，而且他甘拜他人为师、拜名人为师、活到老学到老、尊老爱老的美德，也被广为传颂。

1931年春，南北京剧界的名家齐集上海演出。演出的剧场设在上海浦东的高桥，乘船过江后还有近10公里的路。由于路远难走，雇车很不方便，这天，梅兰芳和杨小楼两人好不容易才找到一辆车。谁知刚坐上去，正要上路，突然见到年近六旬的龚云甫老先生步履蹒跚地走过来。梅兰芳立即下车打招呼，当得知龚先生没有雇到车时，便执意让龚先生上车先走。龚先生推辞说："你今天的戏很重，不坐车，到台上怎么顶得住？"梅兰芳谦恭地说："我还年轻，顶得住，您老别为我担心。"说着就搀扶龚老上了车，他自己则冒雨步行10公里赶到了剧场。

当时，梅兰芳已是名震海内外的"四大名旦"之一，论资历和声望，在梨园界都无人匹敌。但他却从不摆架子，而是处处都先考虑别人。

解放前，在一次京剧《杀惜》的演出中，剧场内，戏迷们的喝彩声不绝于耳。

"不好！不好！"突然，从剧场里传来一位老人的喊声。人们一看，是一位衣着朴素的老者，已有六旬年纪，正在不住地摇着头。

梅兰芳看到这一情景，心里感到有些蹊跷。戏一下场，他来不及卸装、更衣，就用专车把那位老先生接到家中，待如上宾。他恭恭敬敬地对老人说道："说我孬者，是吾师也。先生言我不好，必有高见，定请赐教，学生决心亡羊补牢。"

老先生严肃而认真地指出："惜姣上楼和下楼之台步，按梨园规定，应是上七下八，你为何上八下八，请问这是哪位名师所传？"

梅兰芳一听，恍然大悟，深感自己的疏漏。纳头便拜，连声称谢不止。

后来，梅兰芳凡在当地演戏，都要请这位老者观看，并常请他指教。

梅兰芳不仅在京剧艺术上有很深的造诣，而且在琴棋书画上也是妙手。他师从齐白石，虚心求教，总是执子弟之礼，经常为齐白石磨墨铺纸。老师对这个"学生"也十分喜爱。

有一次，齐白石到朋友家做客。客厅内宾朋云集，皆是社会上之名流。齐白石较之这些人自觉寒酸，不引人注目。正在这时，主人上前恭迎梅兰芳，人们也蜂拥而上，一一同他握手。可是，梅兰芳已知齐白石也在赴宴，他四下环顾，寻找老师，亲切地问："难道齐白石先生没来？"当他看到被冷落到一旁的齐白石老人时，立即让开别人一一伸过来的手，挤出人群，向老画家恭恭敬敬地叫了一声"老师"，与齐白石寒暄问安……

在座的人见状，都很惊讶，齐白石也深受感动。隔了几天，他特向梅兰芳馈赠《雪中送炭》一画，并题诗道：

> 记得前朝享太平，
> 布衣尊贵动公卿，
> 如今沦落长安市，
> 幸有梅郎识姓名。

◎故事感悟

作为一代戏剧名家，梅兰芳能做到尊老敬贤，平等待人，实在难能可贵。在中华民族的历史长河里，尊老爱老已形成优良传统，代代相传。尊老爱老是和谐社会一个永恒的主题，折射出中华民族的道德风尚和精神面貌。

◎史海撷英

梅兰芳卖画

日本侵略中国期间，成为沦陷区的上海一片混乱，不是停水停电，就是空袭警报，人们每天都生活得提心吊胆。梅兰芳就是在这种艰苦环境里也依然坚持作画，而且克服了一系列难以想象的困难，画技大有长进。

经过八个月的苦战，梅兰芳画了170多件作品，题材十分广泛，包括仕女、佛像、花卉、松树、梅花等。1945年春天，梅兰芳的这些作品同叶誉虎的作品一起在上海成都路中国银行的一所洋房里展出，受到了广大参观者的好评。

展览结束后，梅兰芳为了生计，被迫将其中的大部分作品卖掉，所得收入一是还债，二是安排家庭生计，三是资助剧团里生活更困难的人。后来，梅兰芳苦涩地回忆着这几年的沧桑历程，心情忧闷地对朋友说："一个演员正在表演力旺盛之际，因为抵抗恶劣的社会环境，而蓄须谢绝舞台演出，连嗓子都不敢吊，这种痛苦我无法用语言来形容。我之所以绘画，一半是为了维持生活，一半是借此消遣。否则，我真是要憋死了。"

◎文苑拾萃

《梅兰芳魂归万花山》节选

崔墨卿

梅兰芳七岁学戏，十一岁登台，工青衣，并演刀马旦。启蒙老师吴菱仙，初学正工青衣戏如《二进宫》、《三击掌》、《别窑》、《祭江》等。光绪甲辰年（1905

年）7月7日首次与斌庆班合作，在前外广和楼出演《天河配》的织女一角，因年纪小个子矮由师傅亲自抱着扶上鹊桥。据说梅兰芳在拜吴菱仙前，曾拜朱小霞为师。

学了一段时间后，朱认为梅兰芳天赋不够，劝其改行，临别时说了一句："祖师爷没有给你留下这碗饭。"就是这句临别赠言不但没有使梅兰芳改投他门，反而激励他奋发上进，在其五十余年的艺术生涯中，勤学苦练，广采博收，不但把京剧生旦净末丑的优秀唱腔作为学习的蓝本，还向中国的曲艺学习，向国外的歌剧和芭蕾舞剧学习。在学习与继承的道路上大胆创新，首创京剧唱腔南梆子，在京剧的表演、服饰和道具方面都有自己独特的处理方法，使其达到了尽善尽美的地步。

梅兰芳还是中国第一个获得戏剧博士的演员，他1919年率团首次出访日本，还先后访问过美国与欧洲的德国、英国、法国、奥地利、比利时及俄罗斯等国，他的出访不仅把中国的京剧介绍给了广大外国朋友，同时也向其他国家学习了他们的戏剧表演，极大地丰富了自己的表演艺术。

梅兰芳还是个有民族正义感、有良知的表演艺术家。1931年，日本帝国主义悍然发动九一八事变，侵占了我国东三省广大地域，他先后编演了京剧《抗金兵》和《生死恨》，表达了中华民族宁死不屈的抵抗侵略的决心。

ZHONGHUACHUANTONGMEIDEBAIZIJING

中华传统美德百字经

尊·尊老爱幼

第二篇

尊老不厌，学老不倦

晋文公重用患难老臣

◎慢人亲者，不敬其亲者也。——《三国志·魏书》

晋文公（公元前697—前628年），姬姓，名重耳，与周王室同宗。春秋时期著名的政治家，晋国国君，春秋五霸之一。晋献公之子，因其父立幼子为嗣，曾流亡在外19年；后在秦国援助之下，于62岁时回国继位。在位九年去世。

春秋时期，晋国的公子重耳受到晋惠公和骊姬的迫害，只好带着文臣武将狐毛、狐偃、赵衰、魏犨、介子推等人逃难到了狄国。

一路上，晋惠公派人追杀重耳，狐毛、狐偃等一群大臣便保护着重耳又逃往齐国。

在一行人路过卫国的时候，卫国国君见重耳是无权无势逃难的晋国公子，不肯开城让路。

途经五鹿的时候，重耳请狐偃去向农民要点吃的，农民却把一块土坷垃放在碗里说："老爷们，请吃这个吧！"

狐偃却郑重地对重耳说："公子，这可是好兆头啊！这预示着上天要赐给你土地啊！"

重耳一听，跪下就拜那块土坷垃。

后来，重耳和他的这批忠心耿耿的大臣们逃到了齐国。齐桓公热情地接待了重耳，还把自己的远房侄女齐姜嫁给了他。重耳在齐国过了几年安定的日子后，竟然忘记了自己正身在异国。

狐偃、赵衰等人劝重耳投奔宋国，重耳却说："我都快老得没牙了，哪儿也不想去了。"

狐偃和赵衰等老臣一起商量着让重耳离开齐国的办法，不料被重耳妻子齐姜的侍女听到了，她赶快报告给齐姜。齐姜是个有见识的女子，她想，丈夫不能无所作为地老死在齐国。于是，她就和狐偃等人密谋把重耳灌醉了，然后把重耳抬到车上。等上了路，重耳酒醒过来后，明白了是怎么回事，大怒。但后来一想，老臣们都是为他好，只好在老臣们的保护下赶路。

重耳和老臣们先来到曹国，受到曹共公的戏弄。重耳一气之下，又跑到宋国。

宋襄公隆重接待了重耳和他的臣子们。重耳希望宋襄公能护送他们君臣打回晋国。

宋襄公说："宋国国小力微，力不从心啊！"

狐偃和赵衰等老臣护送重耳又来到郑国。郑国国君是个很小气的人，干脆不理重耳他们这批"难民"。

公子重耳只好又在众老臣的保护下绕道来到楚国。楚成王倒是十分欢迎，为重耳举行了隆重的宴会。

一天，楚成王对重耳说："楚国离晋国太远了，现在秦穆公正打听你们的下落，派大将公孙枝来接你去秦国，你愿意吗？"

重耳听了十分高兴，随着公孙枝来到秦国。秦穆公一见到重耳就非常喜欢他，还把自己的女儿怀嬴嫁给了重耳。

就这样，重耳又在秦国住了下来。

秦穆公决定派大军护送公子重耳返回晋国，去做国君，因此派兵车四百多辆杀向晋国。

秦穆公为重耳送行。一行人来到黄河边，逃难十几年的重耳望着滔滔黄河水，感慨万千。

重耳回过头来，见掌管行李和杂物的壶叔忙忙碌碌，把逃难路上用的一些不值钱的破烂都搬到船上。

重耳笑了："哈哈，现在可不是咱们逃难的时候了，还愁吃和穿吗？你可太小器了。"便让手下人把那些破烂东西都扔到岸上。

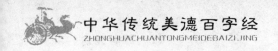

壶叔在一旁看了，心里十分难受。可是，他什么都不敢说，因为他的地位太低了。

狐偃的心里和壶叔一样难受，他连忙跪倒在重耳面前道："过去，公子在难中，我不敢离去。现在您要当国君了，我如同这些破烂一样没用了，不如丢弃掉好些。"

重耳听了，脸红到脖子根儿，流着泪连忙谢罪说："这都怪我不好。我有今天，都是舅舅和你们这些老臣的功劳，我怎么会忘记你们呢？"

说着，公子让人把丢弃的破烂收回来。后来重耳当了国君，就是晋文公。他重用共患难的老臣，终于成了春秋时代最有作为的诸侯国君之一。

◎故事感悟

重耳能够成为著名的诸侯国君之一，和他尊老敬贤的品质是有很大关系的。而处于当今社会的我们，也要学会尊老爱幼，尽到应尽的义务，树立美好的道德观。

◎史海撷英

退避三舍

晋公子重耳在流亡过程中，历经千辛万苦来到楚国。楚成王认为重耳日后必将会有大作为，便以国君的礼遇迎接重耳，并将重耳待为上宾。

有一天，楚王设宴招待重耳，两人饮酒叙话，气氛十分融洽。忽然楚王问重耳："如果你有一天回到晋国当上了国君，该怎么报答我呢？"

重耳略一思索，说："美女侍从，珍宝丝绸，大王您有的是；珍禽羽毛，象牙兽皮，更是楚地的盛产。晋国哪有什么珍奇物品献给大王呢？"

楚王说："公子过谦了，话虽然这么说，可你总该对我有所表示吧？"

重耳笑了笑，回答说："要是托您的福，我果真能回国当政的话，我愿与贵国友好。假如有一天，晋楚之间发生战争，我一定命令军队先退避三舍（一舍等于三十里）。如果还不能得到您的原谅，我再与您交战。"

　　四年后，重耳真的回到晋国当了国君，是为晋文公。晋国在他的治理下也日益强大起来。

　　公元前633年，晋文公率领的晋国军队和楚国子玉率领的军队相遇。晋文公为了实现当初许下的诺言，下令军队后退九十里，驻扎在城濮。楚军见晋军后退，以为对方害怕了，马上追击。晋军便利用楚军骄傲轻敌的弱点，集中兵力，大破楚军，取得了城濮之战的胜利。

◎文苑拾萃

重耳在齐国的故事

　　重耳在逃过晋惠公的刺杀后，一路颠簸，来到了齐国。

　　当时，齐国的齐桓公在位，齐为霸主。齐桓公素有爱贤之名，便盼望能招纳贤人来辅佐自己，延续霸业。重耳之贤，天下共知，因此齐桓公听闻重耳到来后，出郭相迎。

　　齐桓公对待重耳一行甚厚，使其得到了很好的补给，可心里对重耳还是有些猜忌。在与重耳的交往中，齐桓公感到其人虽为落魄公子，但举止之中气魄宏伟，谈吐之间志在天下。而重耳身边的随从也都为世之豪杰，将相之才。齐桓公虽然句句称好，却也暗暗为自己的后人担忧。于是，齐桓公便将自己的宗女嫁给重耳，希望能借此捆住重耳。即便重耳日后最终复国，也可以得晋之欢，以为助力。

　　齐桓公为重耳选的宗女美丽娇艳，果然将重耳迷得团团转，重耳也在齐国尽享驸马之贵，整日沉溺于声色犬马之中。

　　公元前643年，齐桓公病逝，齐国衰落，以齐之力复国已不实际。但重耳依然享受着优厚的待遇，不愿再去品尝流浪奔波的生活。狐偃、赵衰等人多次提醒重耳，重耳都不听。后来，狐偃、赵衰等人密谋，恰有一个侍女窃听，报告给了宗女。宗女杀死了侍女，与狐、赵合计，将重耳灌醉，然后将其拖上马车，离开临淄。

　　等重耳醒来后，发现自己被带了出来，气得要砍狐偃："如果不能复国，我就吃你的肉！"狐偃边逃边半开玩笑说："如果复国失败，我死在荒野，也是被狼吃；若你能复国，晋国的肉都是你的，我的肉不好吃！"

　　重耳这才住手，只能硬着头皮上路了。

张良尊老得兵书

◎挟泰山以超北海，此不能也，非不为也；为老人折
枝，是不为也，非不能也。——庄子

> 张良（约公元前251—前186年），字子房，汉初三杰之一，杰出的谋略家、政治
> 家。秦末农民起义中，率部投奔刘邦，不久游说项梁立韩贵族成为韩王，为韩司徒。
> 后韩王成被项羽杀害，复归刘邦，为其重要谋士。

张良出身于贵族世家，祖父开地，连任战国时韩国三朝的宰相。父亲张平，亦继任韩国二朝的宰相。至张良时代，韩国已逐渐衰落，亡失于秦。韩国的灭亡，使张良失去了继承父亲事业的机会，丧失了显赫荣耀的地位，故他心存亡国亡家之恨，并把这种仇恨集中于一点——反秦。

张良椎击秦王未遂，被悬榜通缉，不得不埋名隐姓，逃匿于下邳（今江苏睢宁北），静候风声。

一天，张良闲步沂水坯桥头，遇一穿着粗布短袍的老翁。这个老翁走到张良的身边时，故意把鞋脱落桥下，然后傲慢地差使张良道："小子，快到桥下把我的鞋子取回来！"张良觉得很奇怪，一个毫不相识的老头竟故意难为我，如此不客气地下命令，一时火气上来，不想去拾。但又一想：他是一位老人，可以谅解，对老人应该尊重。于是，便压住火气，跑到桥下把鞋子拾来递给老人。谁知老人并不用手接，竟把脚伸过来，命令道："快给我穿上！"张良想："既然已经替他取了鞋子，好事做到底，就给他穿上吧！"就跪下去给老人穿好鞋子。然而，老人只是对他笑了一笑，就走了。

张良心想："这个奇怪的老人，可能是一位很有学问的人。"于是，便紧紧地跟随着老人向前走去。

走了一段路，老人忽然转过身来，对张良说："我看你小子将来能有出息，我很乐意教教你。五天后一早，在这儿会面。"张良恭恭敬敬地连声说："是！是！"

五天后，鸡鸣时分，张良急匆匆地赶到桥上。谁知老人故意提前来到桥上，此刻已等在桥头，见张良来到，愤愤地斥责道："与老人约，为何误时？五日后再来！"说罢离去。

到了第四天的后半夜，鸡刚叫头一遍，张良就到了，谁知老人又比他早到。老人生气地说："为什么又来迟了？"说完，转身就走，边走边吩咐道："五天后再来，早一点。"

又到了第四天晚上，张良这次干脆不睡了，前半夜就赶到那里。

等了一会儿，老人也来了，笑眯眯地说："这还差不多！"于是送给他一本书，说："读此书则可为王者师，十年后天下大乱，你可用此书兴邦立国；十三年后再来见我。"说罢，扬长而去。

张良惊喜异常，天亮时分，捧书一看，乃《太公兵法》。从此，张良日夜研习兵书，俯仰天下大事，终于成为一个深明韬略、文武兼备，足智多谋的"帝师"。

秦二世元年（公元前209年）七月，陈胜、吴广在大泽乡揭竿而起，举兵反秦。紧接着，各地反秦武装风起云涌。矢志抗秦的张良也聚集了一百多人，扯起了反秦的大旗。后因自感身单势孤，难以立足，只好率众往投景驹（自立为楚假王的农民军领袖），途中正好遇上刘邦率领义军在下邳一带发展势力。两人一见倾心，张良多次以《太公兵法》进说刘邦，刘邦多能领悟，并常常采纳张良的谋略。于是，张良果断地改变了投奔景驹的主意，决定跟从刘邦。

作为士人，深通韬略固然重要，但施展谋略的前提则是要有善于纳谏的明主。这次不期而遇，张良"转舵"明主，反映了他在纷纭复杂的形势中清

醒的头脑和独到的眼光。从此，张良深受刘邦的器重和信赖，他的聪明才智也有机会得以充分发挥。

◎故事感悟

张良对老人的尊重使他得到了一个意外学习的机会。如果张良不懂尊老爱老，就不会得到《太公兵法》，当然也就无法成就后来的伟业。

◎史海撷英

张良谏主安民

刘邦的大军在进入咸阳后，看到豪华的宫殿、美貌的宫女和大量的珍宝异物，便有些得意忘形了，以为现在已经可以尽享天下了。武将樊哙冒死犯颜强谏，直斥刘邦"要做富家翁"，但刘邦根本不予理睬。部下的一些贤达志士对此简直心急如焚。

在这关键的时刻，张良向刘邦分析利害，劝刘邦说："秦王多做不义的事，所以您才能推翻他而进入咸阳。既然您已经为天下人铲除了祸害，就应该布衣素食，以示节俭。现在大军刚入秦地，您就沉溺在享乐中，这就是所谓助纣为虐了。常言道，良药苦口利于病，忠言逆耳利于行，愿沛公听从樊哙等人的话。"

张良的语气平和，但话语却软中有硬，尤其是话中对古今成败的揭示以及"无道秦"、"助纣为虐"等苛刻字眼，隐隐地刺疼了刘邦近乎麻醉的心。这种紧打慢唱的手法，果然奏效。刘邦愉快地接受了这卓有远见的规劝，下令封存秦朝宫宝、府库、财物，还军霸上，整治军队，以待项羽等各路起义军。

◎文苑拾萃

留侯论

（宋）苏轼

　　楚庄王伐郑，郑伯肉袒牵羊以迎。庄王曰："其君能下人，必能信用其民矣。"遂舍之。勾践之困于会稽，而归臣妾于吴者，三年而不倦。且夫有报人之志而不能下人者，是匹夫之刚也。夫老人者，以为子房才有余，而忧其度量之不足，故深折其少年刚锐之气，使之忍小忿而就大谋。何则？非有平生之素，猝然相遇于草野之间，而命以仆妾之役，油然而不怪者，此固秦皇之所不能惊而项籍之所不能怒也。

李冰访渔民和樵夫

◎无情未必真豪杰，怜子如何不丈夫。——鲁迅

> 李冰（生卒年不详），今山西运城人。是战国时期的水利家，对天文地理也有研究。秦昭襄王末年（约公元前256—前251年）为蜀郡守，在今四川省都江堰市（原灌县）岷江出山口处主持兴建了中国早期的灌溉工程都江堰，因而使成都平原富庶起来。

李冰和他的儿子李二郎，都是我国战国时期著名的水利专家。他们父子二人领导巴蜀人民修筑了世界闻名的都江堰，也是我国最古老的水利灌溉工程。

两千二百多年前，强大的秦国吞并了巴、蜀两国，并设置了巴郡和蜀郡。没想到的是，蜀郡这个地方经常闹水灾，人民的生活十分困苦，告急的文书经常送到秦王宫里。秦昭襄王决定派一个懂水利的官员到蜀郡去当郡守，很快便选中了李冰。

于是，李冰带着儿子李二郎来到蜀郡上任，并立即召集蜀郡父老到官衙商讨治水大事。一位德高望重的老人说："我蜀中本是个好地方，四面环山，中间好像一个聚宝盆，无奈岷江从'盆'中流过，就像一头凶猛的野兽一样，为患不小啊！"

李冰听了点点头，他立刻作出判断："治水治根，治根必须治岷！本官在任期间一定要治好岷江，望父老乡亲有钱的出钱，有力的出力！"

蜀中父老听说李郡守一上任就立志治理岷江，知道他是个好官，无不欢欣鼓舞，都想为治理岷江献计献策，早日根除洪水灾害。

为了了解水情，李冰和儿子李二郎换上便装，带上干粮和防身武器进山了。他们要沿着岷江到上游，寻找水灾发生的原因。

进入了苍翠的山林，没有道路可走了。李冰便命二郎去找个向导，二郎便找来了一位老樵夫。

在老樵夫的帮助下，李冰父子终于搞清了岷江水系。岷江，发源于终年积雪的岷山上，上游坡度很大，水流很急。一流到灌县这里，地势突然平坦，从上游冲下来的泥沙在这里沉积下来，将河道淤塞了。夏天的时候，岷山上的积雪融化，大股雪水涌向下游，河床里根本容不下。雪水涌上岸来，在下游造成了水灾。

弄清了造成水灾的原因，李冰父子便乘坐一叶扁舟到岷江中去察看。撑船的老渔夫唱着号子，将船驶入江心。李冰无限感慨地对二郎说："那老樵夫给了我们极大的帮助，可是，应该让夏天这么多水流向什么地方呢？"

使船的渔夫接上话说："大人只知岷江水多成灾，你还不知道由于这灌县城外的玉垒山挡着。岷江以东的地方缺水缺得厉害，常年大旱呢！"

李冰听了老渔夫的话，心中一动，立即萌生了一个治水的方案。

回到府衙，李冰详细地绘制了一张治水的工程图。经过多次修改，终于把施工方案确定了下来。

治理岷江的工程开工了。蜀郡远近的老百姓都积极响应李冰的号召，投入到治岷工程当中来。

李冰指挥着治水大军在玉垒山凿开了一个大口子，叫宝瓶口，然后在岷江的江心的沙滩上修了一个分水堰，又在沙滩的两旁修了一条内金刚堤和外金刚堤。这样，就把岷江上游冲下来的雪水六成流入宝瓶口，形成一条内江；四成流入岷江，既使岷江减轻了压力，又使岷江以东各县缺水的良田得到了灌溉。这个工程就是都江堰。

凶猛的岷江在李冰父子率领的治水大军面前终于驯服了！

李冰父子在治水方面创造的业绩永远记录在史册中。蜀中人民创造的业绩，同样也留在世人心中。

◎故事感悟

正是因为李冰父子懂得尊老，认真听取老者的意见和建议，才能把岷江的水灾治理好。有时候，老者的思想和观念，特别是经验阅历，能够对我们起到直接的指导作用，帮助我们少走弯路。

◎史海撷英

李冰在四川的业绩

李冰在四川任职期间，曾在都江堰上安设石人水尺，这也是中国早期的水位观测设施。此外，他还在今宜宾、乐山境等地开凿滩险，疏通航道，又修建了汶井江（今崇庆县西河）、白木江（今邛崃南河）、洛水（今石亭江）、绵水（今绵远河）等灌溉和航运工程以及修索桥，开盐井等。当地的老百姓都很怀念他的功绩，纷纷为李冰建庙加以纪念。

◎文苑拾萃

岷 江

岷江古称汶江或都江，是以岷山导江而得名的，发源于岷山弓杠岭和郎架岭，全长可达735公里，流域面积达14万平方公里。

岷江也是长江上游水量最大的一条支流，都江堰以上为上游，以漂木、水力发电为主；都江堰市至乐山段为中游，流经成都平原地区，与沱江水系及众多人工河网一起组成都江堰灌区；乐山以下为下游，以航运为主。

岷江有大小支流达90多条，上游有黑水河、杂谷脑河等；中游有都江堰灌区的黑石河、金马河、江安河、走马河、柏条河、蒲阳河等；下游则有青衣江、大渡河、马边河、越溪河等支流。

官员求教老瓜农

◎对于老者都不会尊敬的人，怎么会爱护自己和家庭
呢？——格言

　　汜胜之（生卒年不详），汜水（今山东曹县）人，西汉农学家。汉成帝时任为议郎、劝农使者。曾在三辅教民种田，后迁御史。他总结黄河流域的农业生产经验，创造了精耕细作的区田法，另还有溲种法、穗选法、嫁接法等。著有《汜胜之书》共两卷十八篇，是中国最早的农学著作。

　　近两千年前的西汉王朝，出了一位农学家，他叫汜胜之。

　　汜胜之是山东曹县人，他被朝廷派往关中地区管理农业。

　　别的地区管农业的官员，每天在衙门里一待，什么都不闻不问。但到了秋收，他们派人向农民收租收税，弄得农民叫苦连天。

　　汜胜之可跟那些掌管农业的官员不一样，他经常亲自到农村的田间地头，了解农业生产的情况，向生产上的高手、经验丰富的老农学习，然后，再用他学到的先进生产经验指导生产。老百姓都夸汜胜之是一位好官。

　　春天来了，汜胜之又带着几个随从来到庄户人家。一股难闻的气味扑鼻而来，随从们都捂起了鼻子，汜胜之却迎着臭味飘来的方向走过去。见一个老农正和他的儿子把一口袋种子倒进一口大锅，臭味就是从这口大锅里飘出来的。汜胜之好奇地向老农讨教："请问老伯，您在做什么呀？"

　　老农说："溲种子！"

　　"溲种子做什么？有什么好处？"

　　老农耐心地告诉汜胜之，这锅里的清汤是用马骨煮的汁，泡上中药附子，

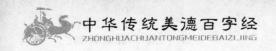

又掺进了蚕粪和羊粪，在播种前二十天，用这种汁液浸泡种子。经过这样溲泡的种子，地里的虫子便不爱吃，而且又增加了禾苗的肥料。

氾胜之十分高兴，把这位老农的经验记下来："你创造的这个办法很好，就管它叫'溲种法'吧！"氾胜之把溲种法推广到他管理的其他地区。

一年，关中遇到少有的大旱，苦坏了关中百姓，急坏了主管农业的官员氾胜之。他到处察看灾情。一天，他来到一个地区，这里的庄稼长得绿油油的，氾胜之赶忙下了马，走到在田边歇息的一个老农身边，问："老伯，你们这里的庄稼长得可真好啊！难道，老天爷单单给你们这里下了雨吗？"

"怎么会呢？"老农指着那一块一块的庄稼地说，"咱这里地势不平，只好把庄稼地分成一块一块的，下雨的时候，想办法把水留住，别让它流走！就这法子，别的没什么！"

"啊——"氾胜之拍了拍手，"这是多么好的'区田法'啊！过去我来这里的时候，怎么没看出它有这么多好处呢？"

第二年，氾胜之在关中山区大力推广"区田法"，建成了许多旱涝保收的庄稼丰产田。

一天，氾胜之在衙署看书写文章，一位手下人走到跟前说："氾大人，城外出了一件奇事，有个种瓠的老汉种的瓠长得跟斗一般大！老百姓说那瓠成精了，去看的人络绎不绝！"

"噢？有这事，咱们也去看看！"氾胜之合上书，让手下人带着他，骑马来到城外。老远，看见一群人指着一块瓠地议论纷纷。一位老农生气地坐在地头看守着，生怕有人过去毁他种的瓠。氾胜之穿过人群说："请各位闪开，让本官过去看看！"

人群里炸了窝，有人喊："得，惊动官府了！看这老头儿怎么办？"

氾胜之过去一看，这个老头儿种的瓠跟别人种的不一样，都有十个根，因此，那瓠结得特别大。

那老汉委屈地说："小民种瓠多年，每个坑里下十粒种子，长出秧苗将它们捆扎在一起，等它们长成一体，上边只留一棵秧，十条根养一个秧，自然瓠长得大了。"

"哦——原来是这么回事！"氾胜之乐了，"本官替你做主，你应该受到奖励，别的种瓠的都应向你学习，你要把你的经验告诉他们啊！"

老瓜农乐了，笑出了眼泪。

氾胜之当农业官员多年，他把收集到的劳动人民生产经验写成我国第一部农业科学著作《氾胜之书》，对农业生产起了很大的推动作用。

◎故事感悟

老瓜农的话对氾胜之有指导意义，想必氾胜之尊重的老者和有经验者不止这些吧！长者是智慧的财富，在实际生产中更是如此。我们应该去尊重老者，多向老者学习更多的实际知识。

◎史海撷英

西汉的建立

公元前207年12月，刘邦攻入关中。秦王子婴投降，刘邦入据秦都咸阳。但是，刘邦并没有实现"先入关者为王"的约定，因为自己当时的实力不及项羽，所以只好退军霸上。此后，项羽渐渐掌握了大权，凭借自己强大的武力进行统治，并分封诸侯，立楚怀王为义帝，封自己为"西楚霸王"。他将刘邦封在蜀地，并且将刘邦的国号定为汉。这一年，中国共有十八个诸侯，一个义帝。

不久，刘邦便在自己的封地整顿军队，对项羽发起了进攻，但前期都是不占优势的。不过，刘邦的军事才能虽然无法与项羽相比，但刘邦善于使用人才，他重用萧何、张良、陈平等谋士为他效力。更重要的是，他得到了不被项羽重用的大将韩信。正是韩信出色的军事才能，才使得刘邦的被动局面得以逆转。

在最后的垓下战役中，刘邦战败了项羽。项羽拒绝了属下东渡乌江卷土重来的建议，在乌江边拔剑自尽，为楚汉战争画上了句号。公元前202年2月28日，刘邦称帝，定国号为汉。6月定都长安，西汉王朝由此诞生。

◎文苑拾萃

《氾胜之书》

　　《氾胜之书》是西汉晚期的一部重要农学著作，通常也认为是我国最早的一部农书。作者为氾胜之，汉成帝时人，曾为议郎，在今陕西关中平原地区教民耕种，获得丰收。这部书也是他对西汉黄河流域的农业生产经验和操作技术的总结，主要内容包括耕作的基本原则、播种日期的选择、种子处理、个别作物的栽培、收获、留种和贮藏技术、区种法等。

　　在这部农书中，最引人注目的是区种法和溲种法。区种法又叫区田法，其基本原理就是"深挖作区"，在区内集中使用人力物力，加强管理，合理密植，保证充分供应作物生长所必需的肥水条件，发挥作物最大的生产能力，提高单位面积产量，同时扩大耕地面积，把耕地扩展到不易开垦的山丘坡地。

　　《氾胜之书》先用一亩地为标准，对区田法进行了一般性的介绍，然后又根据农作物的种类和土地的肥瘠对区田作了具体的说明。

完成父亲未竟的事业

◎谨庠序之教，申之以孝悌之义，颁白者不负戴于道路矣！——孟子

　　班固（32—92年），东汉史学家。字孟坚，扶风安陵（今陕西咸阳东北）人。九岁能文，建武二十三年（47年）前后入洛阳太学，博览群书，穷究九流百家之言。建武三十年，其父班彪卒，自太学返回乡里。居忧时，在班彪续补《史记》之作《后传》基础上开始编写《汉书》，至章帝建初中基本完成。后传说编撰《汉武故事》。

　　班固出生于封建官宦家庭，又是儒学世家。其父班彪，字叔皮，为人性情沉静稳重，博学多才，善于著述。班固之所以能成为著名的历史学家，与班彪的教导和影响是分不开的。

　　班固在父亲教导与影响下，自幼聪明伶俐。9岁就能作文，后入洛阳太学读书。青年时期博览群书，对于诸子百家各种学术流派的观点细心加以探讨。班固治学注重了解文章大意，而不在分析字章上下工夫。他为人宽厚、谦虚，从不以自己才学过人而自恃，因而深为时人所敬慕。

　　班固23岁时，其父因病逝世。当时他正在洛阳太学读书。当他听到父亲病逝的消息后，悲痛至极，匆匆赶回家中为父居丧。在此过程中，他一面缅怀父亲生前对自己的教诲，一面潜心阅读父亲遗作。在通读《史记后传》之后，他发现很多地方记叙得还不够详细，于是决心尊重父亲的遗愿，完成父亲未竟的事业。

　　班固开始大力搜集材料，改订体例，准备在《史记后传》的基础上编撰《汉书》。可就在他埋头编撰过程中，有人诬告他私自改作"国史"，而被捕入

狱，书稿也一并被抄去。

其弟班超闻讯上书，才救了他。当时汉明帝看了他的书稿，不但赞赏他的史学才能，而且召他到京师任兰台令史，掌管宫廷藏书，并进行校勘工作。第二年被提升为秘书郎。班固充分利用这个有利条件，典校秘书，编著国史。明帝非常高兴，命他继续撰写班彪未写完的《史记后传》。

这是他完成父亲未竟事业的大好时机，于是他又着手撰写《汉书》了。经过二十余年的不懈努力，到汉章帝时，《汉书》才大体写成。

《汉书》内容丰富充实，保存了大量原始资料，而且语言精练，词简意赅，结构严谨，对人物的描写尤为细腻、生动，跃然纸上。它真实地记录了当时社会的现状与阶级矛盾，客观地反映了统治阶级的腐朽与罪恶，对民间疾苦寄予一定的同情，歌颂了一些英雄和爱国人物。总之，《汉书》不仅是一部有重要史料价值的优秀历史文献，也是一部杰出的散文巨著，在文学史上占有重要地位。

◎故事感悟

从小聆听父亲的教诲，尊重父亲。父亲病逝后，班固缅怀父亲的教诲，继承父亲的遗志，终把《汉书》做完。这种尊老敬老并了却老人心愿的做法值得赞扬和学习。

◎史海撷英

班固开沿革地理之始

在《汉书·地理志》中，班固首创了政区地理志的模式，同时还完成了首例沿革地理的著作。《汉书》虽然是西汉一朝的断代史，然而《汉书·地理志》记述的内容却超出西汉一朝，它"因先王之迹既远，地名又数改易，是以采获旧闻，考迹诗书，推表山川，以缀《禹贡》、《周官》、《春秋》，下及战国、秦、汉"。

《汉书·地理志》虽然是一部西汉的地理著作，但也涉及各郡国的古代历史、政区沿革等。比如，卷首写汉前历代疆域沿革，除全录《禹贡》《职方》两篇外，班固还在《禹贡》前增加了黄帝至大禹、《禹贡》与《职方》间增加了大禹至周、《职方》后缀增加了周至秦汉的简略沿革，保持了汉代以前区域沿革的连续性。

再比如，在卷末还辑录了刘向的《域分》和朱赣的《风俗》，分述以秦、魏、周、韩、郑、陈、赵、燕、齐、鲁、宋、卫、楚、吴、粤（越）等故国划分的各地区概况，其中沿革是重要的内容之一。

◎文苑拾萃

《汉武故事》

《汉武故事》又名《汉武帝故事》，共一卷。该书是一篇杂史杂传类的志怪小说，"多与《史记》、《汉书》相出入，而杂以妖妄之语"。

《汉武故事》记载了汉武帝从出生到死葬于茂陵的传闻佚事，属于汉武帝传说系统中的一部传记小说。它的主要内容是武帝为求长生不老而求仙问道，同时也写了一些当时历史人物的逸闻逸事，如"金屋藏娇"、"相如论赋"等。其行文简雅拙质，不事雕琢，但却注意渲染气氛，人物对话也很有个性，因此对后代的传奇小说产生了一定的影响。

传世的《汉武故事》版本颇多，如《古今说海》、《古今逸史》、《说郛》等，均收录于该书。

郑作新不忘奶奶的教诲

◎老人的教诲，我们应铭记于心头。——格言

郑作新（1906—1998年），1906年11月生，福建省长乐县人。中国科学院动物研究所研究员，1930年毕业于美国密歇根大学研究生院（博士），中科院资深院士。从事鸟类学研究六十多年，撰写专业书籍三十多部，研究论文一百四十多篇。

郑作新是世界雉类协会会长、著名的鸟类专家。是他，首先明确指出原鸡是中国家鸡的祖先；是他，首先发现了"郑氏白鹇"；还是他，在小麻雀被确认为"四害"之一时，勇敢地担任了麻雀的"辩护律师"，为麻雀翻了案……

郑作新像一只不知疲倦的鸟，在祖国大地上飞翔了一辈子，为鸟类写了一部完整的"家谱"。

然而，郑作新童年的生活十分悲惨。在他还只有五岁的时候，母亲就因病去世了。作新的父亲为了养家，一年到头在外面奔波。

家中抚养小作新的重担落在奶奶身上，孤苦伶仃的郑作新和奶奶相依为命。奶奶特别疼爱作新，生怕这个失去母爱的孩子受委屈。小作新也特别孝敬奶奶，从不惹奶奶生气。

晚上，奶奶经常一边在灯下做针线活，一边给作新讲故事。奶奶虽然识字不多，可是很会讲故事。有些故事，小作新不知听了多少遍，可他从不厌烦。其中，他最爱听的要数"精卫填海"的故事了。

一天，奶奶一边做活儿，一边又给他讲起了这个故事，小作新听得入了迷，他眼里噙着泪花，对奶奶说："长大了，我也要做一只精卫鸟！"

"对喽！"奶奶一边穿针引线，一边对作新说："不论做什么事，都要像精卫鸟那样一往无前，百折不挠！"作新郑重地点点头。他见奶奶眼睛昏花，怎么也引不上针，就从奶奶手里接过针线，帮助奶奶引上了针。

从此，作新变了，无论做什么事，不做好决不罢休。做作业时，做不完决不出去玩耍；帮奶奶往缸里打水，不将水缸灌满决不休息；帮奶奶舂米，不把所有的米壳舂掉决不住手……

奶奶挺喜欢作新这股子劲儿。不过有一天，作新这股子犟劲儿确实让奶奶着了一通急！

原来，作新听说福州东边有一座鼓山，鼓山上有个老虎洞，洞里有老虎。老虎洞附近的人们听到过老虎的叫声……

为了探个究竟，作新和几个伙伴组织了一支小小的探险队进山了，他们要搞清老虎洞里有没有老虎。

不料，山陡路远，有的小朋友半路打了退堂鼓，从山里折了回来。这些孩子迎面碰上了作新的奶奶，奶奶听说作新和另一个孩子进山到老虎洞去了，惊得半晌说不出话，生怕作新发生什么意外。

直到日落黄昏的时候，奶奶才看到作新和另一个孩子的身影，他俩终于回来了。作新一见奶奶就高兴地说："奶奶，搞清楚了，老虎洞里根本没有老虎！是风吹洞口发出的吼声！"

奶奶嗔怪地说："你们为什么偏要去那里呢？"

"我是听奶奶的话，向精卫鸟学习呀！"

"听我的话？"奶奶不解地问。

"是呀！您不是说，让我像精卫鸟那样，干什么事都要一往无前，百折不挠吗？"

奶奶赞许地笑了。

后来，郑作新经过不懈努力，终于成为国内外知名的鸟类专家。

◎故事感悟

老者的教诲，对于年轻人有着深远的意义和影响。我们在尊敬、关爱他们的同时，也要真正将他们作为学习的对象，这才是尊重老人的更高境界。

◎史海撷英

郑作新著《中国鸟类区系纲要》

我国著名鸟类专家郑作新生前，几乎每天都在不停地忙碌着。为了向世界介绍中国的鸟类情况，满足各国鸟类工作者的需要，郑作新花费了几年时间，在自己50年的鸟类研究工作的基础上，写成了英文版的《中国鸟类区系纲要》。

这是一部拥有1200多页的鸿篇巨制，概括了中国有史以来发现和记载的所有鸟类，于1987年出版后，受到了世界各国鸟类学家的热烈欢迎。

为了表彰郑作新的杰出成就，美国国家野生动物学会特授予郑作新"1987年美国自然资源保护成就"奖。

大学生与发掘老工人

◎尊敬老者，是不管何种地位、何种职业，诚心地去
用心尊敬。——格言

> 裴文中（1904—1982年），史前考古学家、古生物学家，河北丰南人。1927年毕业于北京大学地质系。1937年获法国巴黎大学博士学位。中国科学院古脊椎动物与古人类研究所研究员。曾主持山顶洞人遗址发掘，获得大量极有价值的山顶洞人化石及其文化遗物。1949年后，积极开展中石器和新石器时代的综合研究，为中国旧石器时代考古学的发展作出了重大贡献。1955年选聘为中国科学院院士（学部委员）。

裴文中是发现中国猿人头盖骨的人，也是我国著名的古脊椎动物与古人类学家。1964年，在一次欢迎缅甸贵宾的宴会上，工作人员刚要把裴文中教授介绍给周恩来总理，周总理微笑着说："不用介绍，他是发现中国猿人的人。"

1904年，裴文中出生在河北滦县。小时候，他在一本书中读到女娲用泥土造人的传说，小文中不解地问："人真是这样造出来的吗？"带着这个问题他考进了北京大学地质系学习。毕业后，他被分到北平（北京）地质调查所周口店发掘队工作。

周口店附近的山，是祖国化石的圣地。1904年，瑞典的地质学家安特森就在这里发现过北京猿人的牙齿化石。

1928年，裴文中骑着小毛驴来到周口店发掘队上任。一天下午，他由老发掘工人乔瑞带领，登上龙骨山。乔瑞一边挖掘一边对裴文中介绍说："这里的化石很多，辨认起来有困难。这是鹿牙，这个是鸟骨，猪牙和人牙有点像。

挖化石的时候，软处用锹掘，硬处用炸崩……"

裴文中暗自庆幸能够跟这样有经验的发掘老工人一道工作。他深深感到，自己虽然是大学生，对挖掘知识却知道得不多。在挖掘化石的过程中，裴文中虚心向发掘工人们学习，尽快地熟悉和精通了挖掘业务。

一天，一个发掘工人交给裴文中一个带有三颗牙齿的牙床，裴文中准确地作出判断："这是猿人牙床！"

裴文中的工作得到了步林博士的肯定与赞赏，并选他作为自己的助手。从此，裴文中更加勤奋了。

1929年冬天来临了。发掘队遇到了坚硬的岩石，许多人认为没有什么化石了，裴文中和少数学者坚持要挖下去。一天，冷风刺骨，挖掘队在一个裂缝处发现一个小洞，洞口只能容一个人出入。一个发掘老工人争着要下去，裴文中说："我年轻，还是让我下去吧！"

裴文中让发掘工人在他的腰间系了一根绳子，把他从洞口系下去，洞很深，漆黑不见五指。裴文中的脚落了地，工人们也跟着他下到洞里。

这时，是1929年12月2日下午4点，世界人类学历史上重要的时刻来到了。裴文中和工人们在12米深的洞里用蜡烛照着亮，紧张地工作着。

突然，一个奇怪的东西映入人们的眼帘。裴文中简直热血沸腾了，他忍不住喊起来："这是猿人的头盖骨！"

在场的工人们立即围拢过来，洞里顿时欢腾起来，这是发掘队建队以来最重大的发现。

裴文中一连忙碌了好几天，他将发掘出的猿人头盖骨小心翼翼地包了一层又一层，然后亲自送到北平的地质调查所。

裴文中和他并肩工作的老发掘工人们终于挖到了"北京人"完整的头盖骨，找到了中国猿人存在的最有力的佐证。

裴文中小时候脑子中产生的问号终于得到了科学的解答。所谓女娲造人的故事不过是美丽的神话，是劳动创造了人类本身，是劳动使人类得到了进化。

这一消息很快传遍了全世界，引起了人类学界的巨大震动。裴文中接到了来自世界各地的许多贺电。

　　裴文中创造出非凡的业绩，一下子成了名人，但他仍然同周口店发掘队的老工人们生活在一起。终于，又在周口店鸽子堂发现了北京猿人生活过的洞穴和用火的遗迹。

　　裴文中不仅同和他一起工作过的发掘老工人创造了非凡的业绩，而且同他们之间建立起了深厚的友谊。

◎故事感悟

　　裴文中创造出非凡的业绩，和他尊重有经验的老者、虚心好问的精神有很大关系。尊敬老人既是对老人的关心与照顾，又是继承前辈们"财富"的需要。让我们大家一起行动起来，做到敬老、爱老、助老，这是我们义不容辞的责任。

◎文苑拾萃

人类考古学的"壮丽顶峰"

　　1929 年的一个冬日黄昏，在一处岩洞中，我国著名考古学家裴文中挖出了一块著名的头盖骨。他脱了自己的上衣将这块骨头包裹起来，"像抱着一个婴儿似的"，小心翼翼地走回办公室。随后，他向北京发回了一封中国乃至整个世界考古史上最为著名的电报："顷得一头骨，极完整，颇似人。"

　　这块头盖骨化石的出土，也翻开了人类学研究史上全新的一页，"直立人"这一古人类演化阶段从此得以确立，人类的历史也向前推进了近 50 万年。而发现它的裴文中，也一跃成为世界顶尖的考古学家。有西方学者称赞说，裴文中的工作达到了人类考古学上"一个壮丽的顶峰"。

潘德明拜会老和尚

◎尊老者，乃大义也。——格言

潘德明（1908—1976年），又名文希，上海南汇人。生于浙江湖州。自行车环球旅行家，从小酷爱体育运动，曾就读于上海南洋高级商校，后在南京开西餐馆。

潘德明是我国第一位徒步和骑自行车周游世界的旅行家。在帝国主义列强都嘲笑中国人是"东亚病夫"的时代，潘德明的壮举使中国人感到扬眉吐气。

1908年，潘德明出生在浙江湖州城内。他的父亲是一位裁缝，年轻时从上海来到湖州，专门给外国人做衣服。由于潘德明经常跟外国人接触，他从小就学会了几种外国语。他想，要是有机会到外国去看看，那该多好啊！

潘德明特别爱动，喜欢在湖州城里到处游玩。小德明七八岁时，有一次他一个人来到城外，这天正是大年初一的早晨，他兴致勃勃地爬上了城外的道场山，到山里去看寺里的和尚怎样过年。

寺里的老和尚热情地款待了小德明，并带着这位小客人上山峰去玩耍。

潘德明一口气爬上道场山的山顶，站在山峰上往四下里看，底下是一望无边的草地。他所生活的繁华的湖州城，在山底下看时是那么大，现在却成了一个小小的黑方块。

小德明忍不住惊喜地叫起来："这个世界可真大呀！"

老和尚拍着小德明的肩头说："孩子，这仅仅是世界的一个小小的角落呢！你如果站得更高些，还可以看得更远呢！"

"我站到天上能把整个世界都看全吗？"小德明眨着眼睛问。

"不能。"老和尚说，"不管你站得怎样高，你都不能把世界看全，因为地球是圆的。"

"真的呀？"小德明叫起来，"这个世界可真奇妙啊！这么说，我是没有办法到国外去旅行的了！"

"怎么不能？"老和尚说，"一千三百多年以前，有一位叫玄奘的法师，他去印度17年，连这个世界的一半还没走完呢！明朝的时候，还有一位三宝太监郑和下西洋呢！他们都是我们中国了不起的人啊！"老和尚无限崇敬地说。

德明全神贯注地听着，他好奇地问老和尚："您每天都上山来吗？"

"是的！"老和尚说，"为了有一副好身板，我常常爬山。不过，我老了，不可能到国外去走一走了。你年纪还小，前途无量啊！好男儿志在四方嘛！"

小德明郑重地点点头："长老，我一定记住您的话！我要当中国第一个步行环球旅行的人！"

从此，小德明开始刻苦锻炼身体。他经常环城长跑、远足、爬山、登高，为了使自己的身体素质能适应将来长途旅行。同时，他也开始阅读有关世界各国风土民情的书籍，学习有关旅行的知识，为他即将实施的壮举进行周密的准备。

1930年的夏天，潘德明已经告别少年，长成一个22岁的棒小伙子了。

潘德明听说"中国青年亚细亚步行团"从上海出发到国外旅游，他非常高兴，赶到上海参加了这个步行旅游团。出发这一天，潘德明面朝着湖州方向，心中默默地说："长老，您看得见我吗？我就要出发了，去完成我环球旅行的计划了，请您对我发出祝福吧！"然后，他同大家一道踏上了征途。

这个旅行团经浙江、福建、广东、广西，进入越南。徒步旅行是异常艰苦的事情，当步行团走到越南海防时，只剩下潘德明等三个人了，最后这三个人也分了手。潘德明决定一个人完成环球旅行的大业。他买了一辆自行车，骑车来到泰国，经过马来西亚，进入新加坡。后乘船去印度，进入伊朗，途经伊拉克、叙利亚来到埃及……

潘德明经过欧洲，坐轮船来到美国、巴拿马，从旧金山出发进入太平洋，

抵达新西兰、澳大利亚，最终又回到亚洲，回到中国境内的云南。

潘德明小时候在道场山长老启发下立大志，在青年时代终于成为国际知名的旅行家。

◎故事感悟

老年人的智慧和经验是社会的宝贵财富，老年人也理应受到社会的尊重，需要人们去关爱。潘德明明白这个道理，我们更应该明白，把这种精神永远传承下去。

◎史海撷英

潘德明的伟大行程

1937年6月，潘德明从缅甸回到了祖国的云南。一直秉持着"雪东亚病夫耻"、"以谋世界上之容光"的信念，潘德明历时七年，行程达数万公里，途经亚、非、欧、美、澳五大洲四十多个国家和地区，每到一地都有翔实的考察记录，搜集资料，并征得近1200个团体和个人用十几种文字的签字和题词，受到了29个国家的元首、政府首脑、部长和著名人士接见，曾拜会了印度大诗人泰戈尔、圣雄甘地及后来的总理尼赫鲁，还有波斯帝国的最高统治者礼萨汗，"土耳其之父"凯末尔将军，保加利亚国王，法国总统、总理，英国首相麦克唐纳，澳大利亚联邦总理等等。

在此期间，为了将来考察及编辑青藏高原的地理状况，潘德明还在美国考察了两个月，在美国两次受到罗斯福总统（当时兼任世界探险家协会主席）的接见和奖励。

尊·尊老爱幼

第三篇

拜师·尊师·爱师

云敞葬师义行

◎一日为师，终身为父。——《鸣沙石室佚书·太公家教》

王莽（公元前45—23年），魏郡元城（今河北大名县东）人，祖居东平陵（今山东济南东75里），字巨君，汉元帝皇后侄，新朝建立者，公元8—23年在位。公元9年元旦，篡位称帝，登基成为一朝开国君主，改国号为"新"，年号"始建国"。直至公元23年赤眉绿林军攻入长安被杀。在位15年，死时69岁。

西汉末年，王莽专政，引起全国上下的不满。王莽横征暴敛，刑罚严苛，给百姓摊派了许多繁重的赋税和徭役。而且，他还毒死汉平帝，自称帝王。称帝后，更是滥加封赏，又不断挑起对匈奴地区及东北西南各族的战争。因此，人们对他的不满情绪日渐高涨。

当时，云敞的老师吴章是一代大儒，追随他的弟子达一千人之多。王莽认为，他们全都是同党同伙的恶人，因此要全都把他们禁锢关押起来，更不允许其中有任何人留在朝廷做官。

大家都十分清楚王莽的手段，连自己亲生儿子都敢痛下毒手的人，还有什么事情做不出来呢？为了躲避突如其来的灾祸，也为了继续保有仕途上的光明前程，吴章的学生们开始在朝野中公然宣称自己不是吴章的学生，而早已师从其他人，早就不在吴章门下了。

当时，云敞官居大司徒掾，老师的惨死让他悲痛欲绝。每每想起老师深切的爱护和不倦的教导，那师徒如父子般的至亲至爱的恩情，以及老师那道义浩然的言行，不住地在他的脑海中盘旋荡漾。老师终其一生都守仁守义，直到尽处，他笃行不怠的言传身教，更是长长远远地活在了学生的心中，纵使历经岁月流逝，也永远都不会消失。

因此，云敞决心挺身而出，为最敬爱的老师谨守为人学生的一点微不足道的情义。

正值风雨飘摇、局势动荡之时，云敞一路哭号，跪拜着爬到老师体无完肤的尸首前，肝肠欲碎。他大呼着自己就是吴章的学生，他悲切的哭声蕴涵着对老师至深的追念，他将老师的尸首一块一块小心翼翼地包好，护在自己的怀中，泣不成声、举不成步地哭号着回去。他不畏惧天下的人都知道他是吴章的学生，他也不畏惧自此而后他就是冲在最前方的恶党与罪魁，他只知道老师坚守仁义直到尽处，而他自己终生实践的正是老师最深切的教诲。

云敞公然按照师礼把老师的尸首敛棺而葬，他悲切的哀号之声倾动了朝野，使整个京师的人都为之瞩目。车骑将军王舜被他的义行深深感动了，他赞美云敞就如同栾布一样地有情有义，并推荐他为中郎谏大夫。云敞则屡屡以生病为由，避隐在家，终老余生。

◎故事感悟

千百年来，云敞成为了学生承事老师、忠义绝伦的典型模范。云敞始终铭记老师的教诲，坚守仁义，立以正身，也为我们树立了一个尊师重道的伟大形象！

◎史海撷英

王莽周礼改制的内容

王莽统治时期，"更名天下田曰王田"，规定私人不得买卖，用恢复井田制的办法来解决土地问题；而且，他还改奴婢为"私属"，也不得自行买卖；还实行"五均六莞"，也就是在国都长安及五大城市设立五均官，政府管理五均赊贷及管理物价。此外，他还规定征收商税，由政府经营盐、铁、酒、铸钱和征收山泽税；

改革币制；改革中央机构，调整郡、县划分，改易官名、地名；改变少数民族族名和首领的封号等。

◎文苑拾萃

放言五首

（唐）白居易

之一

朝真暮伪何人辨，古往今来底事无。

但爱臧生能诈圣，可知宁子解佯愚。

草萤有耀终非火，荷露虽团岂是珠。

不取燔柴兼照乘，可怜光彩亦何殊。

之二

世途倚伏都无定，尘网牵缠卒未休。

祸福回还车转毂，荣枯反覆手藏钩。

龟灵未免刳肠患，马失应无折足忧。

不信君看弈棋者，输赢须待局终头。

之三

赠君一法决狐疑，不用钻龟与祝蓍。

试玉要烧三日满，辨材须待七年期。

周公恐惧流言日，王莽谦恭未篡时。

向使当初身便死，一生真伪复谁知？

之四

谁家第宅成还破，何处亲宾哭复歌？

昨日屋头堪炙手，今朝门外好张罗。

北邙未省留闲地，东海何曾有定波？

莫笑贱贫夸富贵，共成枯骨两如何？

之五

泰山不要欺毫末，颜子无心羡老彭。

松树千年终是朽，槿花一日自为荣。

何须恋世常忧死，亦莫嫌身漫厌生。

生去死来都是幻，幻人哀乐系何情？

朱元璋向老秀才赔礼

◎你不同情跌倒在地的老人，在你摔跤时也没有人来
扶助。——格言

朱元璋（1328—1398年），明王朝的开国皇帝，原名重八，后取名兴宗。濠州（今安徽凤阳县东）钟离太平乡人。25岁时参加郭子兴领导的红巾军反抗蒙元暴政，龙凤七年（1361年）受封吴国公，十年自称吴王。元至正二十八年（1368年），在基本击破各路农民起义军和扫平元的残余势力后，于南京称帝，国号大明，年号洪武，建立了全国统一的封建政权。朱元璋统治时期被称为"洪武之治"。

明太祖朱元璋统治时期，其太子自幼便骄纵放任。太子7岁时，朱元璋给他请的三位老师都先后告辞，不愿给太子授课。为此，朱元璋心中感到很烦恼。

有一天，丞相刘伯温向朱元璋推荐了一位老秀才，说："此人年已七十，但学识渊博，且为人刚直无私，可任太子的老师。"

朱元璋说："只要能严教太子，年纪大些更好。"

第二日，朱元璋便将老秀才请进了东宫，并对太子说："你以后的一言一行都要好好听从这位老师的指导，不得无礼！"说罢，又唤太子向老秀才行礼。

一日，老秀才要太子背诵一段《论语》，自己则闭目养神。太子背了两句后，就取出书来偷看。突然，老秀才耸起身来抓住太子的耳朵，就要他跪下。太子哪里肯听，反而挥起小拳头打老师。老秀才大声喝道："大胆！"说完把太子双手反扭过来，一定要他跪下，太子硬是不肯跪。

这时，朱元璋刚好经过东宫，看到这一情景后，便走到老秀才面前为太子求情，说："看在朕的面上，就饶他一次吧！"

老秀才沉着脸说："子不教，父之过；教不严，师之惰。陛下应该知道这个道理的。"

朱元璋见老秀才不仅不领情，反而当着太子的面来教训自己，不禁勃然大怒，喊道："来人！把这老家伙关起来！"

这事情传到马皇后那里，她觉得皇上这样为太子护短，居然还惩罚起老师来，是太不讲道理了，便决定去劝皇上认错。

傍晚，马皇后在与朱元璋用膳时，先向朱元璋劝了几杯酒，然后说道："皇上过去在淮西时曾说过，世上有两种人最无私心，皇上还记得吗？"

朱元璋一时记不起来，笑着说："朕不记得了，还请皇后讲吧！"

马皇后说："一个是医生，一个是老师。皇上曾说，哪个医生不愿为病人治好病，哪个老师不愿把学生教成才，是吗？"

朱元璋听出皇后话中有话，便说："如果老师太蛮横无理，就不是好老师了。"

马皇后说："这位老秀才脾气是有些怪，但他对太子教得严完全是为了他好呀！玉不琢，不成器。如果太子长大了无知无识，大明的天下不就完了吗？"

朱元璋听了，心里便感到懊悔起来，表示要向老秀才赔礼道歉。

第二天，朱元璋和马皇后先把太子叫来，当面教训了太子一番，然后三人来见老秀才。老秀才见了他们，背着身子，故意不理睬。

朱元璋说："您老人家不必再生气了，朕特地向您赔礼来了！"

老秀才这时才向皇帝跪下施礼，说道："老臣不敢，谢圣恩！"

朱元璋先请老秀才坐下，再命太子向老师跪下叩首认错。老秀才扶起太子后，走到书桌前写了"明王明不明，贤后贤不贤"十个大字。

马皇后见了递给皇上，朱元璋一看顿时瞪着两眼愣住了。

马皇后笑着说："请老师吟给皇上听吧！"

老秀才吟道："明王明不？明。贤后贤不？贤。"

朱元璋一听哈哈大笑。

后来到了1386年的重阳节，朱元璋召开敬老爱老会，制定了"养老之政"，规定：凡80岁以上，一生为人正派，乡里乡亲们共同称善的老年人，每月供给大米5斗、肉5斤；凡90岁以上老人，朝廷供给的生活品与县官持平。

◎故事感悟

俗话说：敬老、重老，老师可以传经送宝。我们明白这个道理，而作为君王者，更应该明白这个道理。只有体恤老人、尊重他们的想法，才能真正以百姓为主，才能国泰民安。

◎史海撷英

清除权臣

明代初年，官僚机构基本上都沿袭了元代的模式。但朱元璋逐渐认识到了其中的许多弊病，便决定进行改革。

首先是废除行省制。1376年，朱元璋宣布废除行中书省，设立承宣布政使司、都指挥使司和提刑按察使司，分别担负行中书省的职责。三者分别设立，但又互相牵制，从而防止了地方权力过重的现象。

在军事上，朱元璋废除了元代时管理全国军事的大都督府，而是将其分为中、左、前、后、右五军都督府，并和兵部互相牵制。兵部有权颁发命令，但不能直接统帅军队；都督府掌管军队的管理和训练，但没有调遣军队的权力。这样，军权便集到皇帝一人之手了。

对中央机构的改革，重点是废除了丞相制。明朝初年，中书省负责处理天下政务，地位最高。其长官为左、右丞相，位高权重，丞相极易与皇帝发生矛盾，明朝时以胡惟庸任相后最为严重。

◎文苑拾萃

谒明太祖陵

（清）乾 隆

崛起何嫌本做僧，汉高同杰又多能。

每当巡省临华里，必致勤虔谒孝陵。

一代规模颇称树，百年礼乐未遑兴。

独怜复古非通变，翻使燕兵衅可乘。

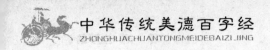
雍正帝扣银为奉师

◎所谓尊老者，待其父如师。——格言

> 清世宗爱新觉罗·胤禛（1678—1735年），满族，清圣祖玄烨第四子，是清朝入关后第三位皇帝。1722—1735年在位，年号雍正。死后葬于清西陵之泰陵，庙号世宗，谥号敬天昌运建中表正文武英明宽仁信毅睿圣大孝至诚宪皇帝。

雍正年间，有一个驻京学使。他喜欢在同僚中吹嘘自己为人正直，为官清廉。

有一天，一位早年的先生来求见他。他看了看老师那衣衫褴褛的样子，就猜透了八九分。于是说道："恩师光临寒舍，学生三生有幸。有失远迎，万望恕罪。不知身体可佳？精神可好？专程前往，又有何见教？"寒暄了一阵，才让座。先生看了看满屋生辉的装饰和学生那不冷不热的样子，哪里还坐？便开门见山地说："身体精神均佳，只是生活拮据……"

学使不等先生说完就说："多年来，弟子牢记先生'为官清廉'之教诲，不敢苟私。然清廉就要清贫哪！故手无银两，家无余资……"不等学使说完，先生道："为师不难为你，告辞了！"

学使十分得意，照例在同僚中宣扬了一通，以示廉洁。心想传到皇帝耳朵里，定会龙恩大降，身价倍增。

此事果然传到了雍正皇帝的耳朵里，哪知雍正帝不但没有"龙恩大降"，反而大为恼火，说："国将富，必尊师而重傅。古有'一日为师，终身为父'之说；又有'一日三炷香，供奉天、地、君、亲、师'之礼。学使弃先人之说，违先人之礼，实属不道！"于是传旨："从学使正俸以外的补贴中扣500两银，给其师，以顺言正名！"

从此，雍正帝扣银奉师的故事便传扬于世。

◎故事感悟

"一日为师，终身为父"。尊老敬贤的传统美德需要传承，而雍正帝也将这种品质看得很重。雍正帝的这个举动，正是将尊老的精神发扬光大的表现啊！

◎史海撷英

耗羡归公

我国古代时候，是以银和铜为货币的。因此国家在征税时，银两在兑换、熔铸、保存、运解中都会有一定的损耗，所以征税时还有一定的附加费。这项附加费被称为"耗羡"或"火耗"，一向是由地方州县征收，作为地方办公及官吏们的额外收入。

由于耗羡无法定征收额，所以州县便随心所欲，从重征收，有的抽正税一两、耗羡达五六钱，使人民的负担日益加重。

雍正年间，雍正帝对此进行了改革，实行"耗羡归公"的政策，将此项附加费变为法定的税款和固定的税额，由督抚统一管理，所得税款除办公费用外，作为"养廉银"，大幅度地提高官吏们的俸禄。这样，既减轻了人民负担，又保证了廉政的推行。因此，雍正说："自行此法以来，吏治稍得澄清，闾阎咸免扰累。"这就是所谓的"高薪养廉"。

才旦卓玛感谢汉族妈妈

◎不应该说我怎么尊敬老师，而应该说王老师是怎样关心、爱护我。——才旦卓玛

才旦卓玛(1937—)，西藏日喀则人，藏族民歌手，女高音歌唱家，国家一级演员。1956年11月至1957年8月，在西藏日喀则文工团当学员。1957年8月至12月，在西藏公学预科学习。1958年底到上海音乐学院声乐系学习，从师著名声乐教育家王品素教授。曾参加音乐舞蹈史诗《东方红》的演出。演唱的主要歌曲有《翻身农奴把歌唱》、《唱支山歌给党听》、《北京的金山上》、《阿玛列洪》、《酒歌》、《我们在相聚》等。录制有唱片《美丽的西藏，可爱的家乡》。

1980年冬天，才旦卓玛去上海演出。一到住地，她就急着要回家看"妈妈"。这可把大家弄糊涂了，她的丈夫和女儿都在拉萨，怎么会在上海还有个家？她的母亲已经去世了，怎么还有个妈妈？

才旦卓玛笑了，说："你们不知道，我还有个汉族'妈妈'，她就是王品素老师。"

王品素是上海音乐学院的教授。从1959年到1964年，才旦卓玛一直跟王老师学习声乐，师生之间建立了深厚的友谊。她把王老师当做自己的汉族"妈妈"，只要出差到上海，第一件事就是去探望王老师。才旦卓玛时时想念着自己的老师。当听说王老师血压高时，她心急如焚，千方百计地搞来治病用的天麻，一个一个地洗净，一片一片地切开，再用线串起来晒干，寄给几千里之外的王老师。

王老师收到邮包后，十分感动。她担心这样会影响才旦卓玛的工作和休息，就一再回信嘱咐她不要再寄药了。可是，邮包还是不断从遥远的西藏寄来。

当时，才旦卓玛演唱的《唱支山歌给党听》、《北京的金山上》、《翻身农奴把歌唱》等歌曲，已经传遍各地，深受群众的喜爱。她还多次出国演出，获得很高的声誉，但她从来也没有忘记自己是王老师的学生。每一次来上海，她像在学校时一样，站在钢琴旁，一首歌一首歌地唱给王老师听，向老师虚心求教。有时，王老师指出她演唱的不足，她就反复唱几十遍。师生俩常常这样练到深夜。

有人曾经问才旦卓玛："你为什么这样尊敬你的老师？"她坦诚地笑着，连连摆手说："不应该说我怎么尊敬老师，而应该说王老师是怎样关心我、爱护我。我在学校里唱的那些歌，都是王老师一字一句地教出来的。在生活上，她又像母亲一样关怀着我。我的每一点儿进步都凝聚着王老师的心血。你们说，我应该怎样感谢这位汉族'妈妈'？"

◎故事感悟

才旦卓玛说："中国现在进入了一个老龄社会。老年人在家庭、在村寨、在社会上到处都受到尊敬，大家自觉地形成了一种尊老敬老的好习俗。"这句话正是一个尊老敬老者的体现。而才旦卓玛的故事也启发我们，在平时生活当中要尊老敬老，特别是要尊敬、爱戴自己的恩师。

◎史海撷英

才旦卓玛的走红

1964年，大型音乐舞蹈史诗《东方红》在北京上演，才旦卓玛参加了这场演出，并且演唱了《毛主席的光辉》这首歌曲。这一唱，便使她受到了全国观众的极度喜爱，从而一炮走红，正式踏入了中国歌坛。

曾经苦难的生活经历，让才旦卓玛有着更富于常人的生活感受。她将自己的这些感受全部融入到歌声当中。才旦卓玛的演唱高亢、明亮、婉转、动情，《唱支山歌给党听》就是她的代表曲目，而且一直以来都是久唱不衰。1993年，也正是因为这首歌，让才旦卓玛的唱片销量竟然在中国大陆地区创造了一个奇迹。

为了拜师，不惜为奴

> 钟隐（生卒年不详），五代南唐人，字晦叔，天台（今浙江天台）人。少清悟，不谙俗事。好肥逐自处。好画花竹禽鸟以自娱。凡举笔写像必致精绝，时无论拟喜画鹞子、白头翁、鹧鸟、斑鸠，皆有生态，尤长草棘树木。兼工山水、人物，其画笔高澹简远，工于用墨。笔迹浑成，外无棱刺。鸟羽皆用淡色意就而成。

　　五代时期，有一位名叫钟隐的青年，喜欢画禽鸟竹木。他平素便以郭乾晖为师，临摹作品，学习技法，逐渐初露头角。然而遗憾的是，他一直没有机会见到这位老师，只是"神交"而已。

　　钟隐为什么不去拜师呢？原来，他从旁了解到，郭乾晖老师虽独树一帜，誉满画坛，但有个特点：画法秘而不宣。无论谁去找他求教，他都不教，连让人家看一看作画过程也不答应。

　　钟隐求师心切，他并不满足自己已经取得的点滴成绩，还想再提高一步。在郭先生拒不收徒的情况下自己怎么办呢？他想了好久，终于想出一个好办法，决定改名换姓，卖身郭家为奴。这件事钟隐做得很秘密，不露一点破绽。而郭乾晖只把他当奴仆看待，也未存有戒心。这样，钟隐学画的机会有了。端茶倒水之机，他可以瞧上几眼，夜深人静之时，他又细心琢磨。不多久，郭先生的绘画技艺他几乎全掌握了。有时没人在场，他还练上几笔，心中十分高兴。

　　一天，钟隐心中忽萌画兴，便提起画笔在郭家的粉墙上画了一只老鹰。

苍鹰共翠柏，壮志冲云天，那老鹰的神气，真像从天上飞下来的一般。正当钟隐凝目沉思之际，忽有客人到。客人一见这壁画，无不称赞，说是郭先生果然名不虚传。待到他们向郭先生祝贺的时候，弄得郭先生不知道是怎么一回事了。他随着客人们一起走到粉墙前一看，被那欲击长空的老鹰惊呆了。他忽然想到：世上学我画法的，只有钟隐一人，这老鹰画得如此之好，莫非……这时，钟隐叩头便拜，说明了求师的缘由和事情的经过。郭乾晖深为感动，他连忙扶起钟隐说："你是一位可以深造的好后生，我决定收你为徒！"

从此，钟隐跟着自己久已渴慕的老师更加勤奋地学画，终于成为世人皆知的丹青妙手。为了拜师，不惜为奴，真诚地追随老师的求学精神，也为后人所传颂。

◎故事感悟

　　大多数的成功者，都是靠名师点拨的。为了能向老师学到技艺，不惜隐姓埋名去追随，可见钟隐对老师的敬爱和崇拜到什么程度。我们也应大力倡导尊师爱师之风，多向老师学习本领，争当尊老敬老的模范。

◎史海撷英

中国工笔画的历史

中国工笔画的发展历史十分悠久，从战国时期到两宋时期，工笔画的创作逐渐从幼稚走向了成熟。

工笔画使用的是"尽其精微"的手段，通过"取神得形，以线立形，以形达意"，从而获取神态与形体的完美统一。在工笔画中，无论是人物画，还是花鸟画，都力求于形似。可以说，"形"在工笔画中占据着重要的地位。

与水墨写意画不同的是，工笔画更多关注的是"细节"，注重写实。唐代周昉的《簪花仕女图》、《挥扇仕女图》，张萱的《捣练图》、《虢国夫人游春图》等，描绘的都是现实的生活。这些作品不仅具有较强的描写性，而且还十分富有诗意。

明末以后，随着西洋绘画技法的传入，中西绘画开始相互借鉴，从而使工笔画的创作在造型上更加准确的同时，还保持了线条的自然流动和内容的诗情画意。

◎文苑拾萃

《簪花仕女图》

《簪花仕女图》由中国唐代著名画家周昉所作，也是目前全世界范围内唯一认定的唐代仕女画传世孤本。除了唯一性之外，这幅作品的艺术价值也很高，它是典型的唐代仕女画标本型作品，是可以代表唐代现实主义风格的绘画作品。

在画中，作家描绘的是唐代当时贵族妇女的日常生活，说明当时唐代的社会政治比较开明，因此反映现实生活的作品才可以流传下来。这一时期，也是中国现实主义人物画表现风格的开端，而以前的绘画内容大多是历史宗教人物。

苻坚尊师

◎学生理应拜先生！我永远是您的学生。——赵匡胤

> 苻坚（338—385年），字永固，又字文玉，小名坚头，氐族人，苻雄之子，前秦开国君主苻洪之孙，苻健之侄，略阳临渭（今甘肃秦安东南）氐族人。其祖先世代为西戎酋长，十六国时期前秦的皇帝。前期励精图治，基本统一北方，但在伐晋的"淝水之战"中大败，一蹶不振，后国破被杀。

　　十六国时期，有一位80岁的老妇人宋氏，被前秦统治者苻坚授以"宣文君"的封号，以表彰她立讲堂收生徒讲授《周官》的盛事。这在中国古代封建社会中是不多见的。

　　宋氏出身于一个儒学世家。她幼年丧母，与父亲相依为命，由父亲亲自抚养教育。她的"家世以儒学称"，是一个世代经学的家庭。

　　宋氏稍长以后，父亲便给她讲授《周官》音义。这是宋家的传世之学。《周官》，或称为《周官经》，汉代被列为儒家经典，是三礼之一，故又称为《周礼》，它主要记载周代的官制和礼仪制度。父亲对她说："吾家世学《周官》，传业相继，此又周公所制，经纪典诰，百官品物，备于此矣。吾今无男可传，汝可受之，勿令绝世。"

　　原来在汉晋时期，儒家经典主要通过面传、口授而世代相传，有的经师在学校中传授子弟，子弟再传子弟，形成一个门派；有的经师子孙相承，形成一门家学。宋氏家族就以《周官》世代相传，成为自己的家学。在封建社会中，这种家学一般由男子继承，宋氏因为没有男嗣，另有孤女一人，所以父

亲就把这门学问传给了她。宋氏的聪明才智一点也不比男孩子差,加以她非常勤奋刻苦,所以很好地继承了父辈的学问。

当时正值十六国时期,匈奴、鲜卑、羯、氐、羌等少数民族在中原地区展开了长期的混战,纷纷建立政权,史称"五胡乱华"。就是在这种"天下丧乱"之中,宋氏仍然坚持学习,"讽诵不辍"。宋氏成人以后嫁给韦氏男子为妻,生下一子名韦逞,不久,韦氏一家便被后赵的"石季龙徙之于山东"。

319年,羯族首领石勒在关东地区的襄国(今河北邢台市)建立后赵,派其侄石季龙征伐四方。关中地区亦陷为赵境。石季龙曾不断把关中人民强迫迁往关东,其中以333年的一次规模最大,这年石季龙"徙雍、秦州华戎十余万户于关东"。韦氏一家大概就在这时被迁往关东的。这时她的父亲已经去世,父亲将祖传的《周官》和有关资料都交给了她,她视如珍宝,在迁徙途中与丈夫一起推着鹿车(一种人力推挽的小车)"背负父所授书",格外精心地保护。好不容易来到冀州,投奔胶东富人程安寿家中,程安寿时时"养护"他们。当时,韦逞的年纪还很小,宋氏白天外出樵采,晚上则亲自教韦逞读书,同时还不敢耽误纺织,里外操劳,十分辛苦。程安寿见此情景,不禁感叹道:"学家多士大夫,得无是乎!"由于宋氏长期的辛勤教导,韦逞终于"学成名立",当了前秦苻坚的太常。

这时,氐族所建的前秦政权在首领苻坚的统治下,统一了北方,冀州一带又成为前秦境土。苻坚虽是氐人,但他积极推行汉化政策,热心于办学校,兴教育。他即位后"立学校""广修学官","开庠序之美,弘儒教之风",并且"亲临太学,考学生经义优劣""每月一临太学,诸生竞劝焉"。不仅如此,他还很重视对宫女的教育,"课后宫,置典学,立内司,以授于掖庭"。甚至"选阉人及女隶有聪识者署博士以授经",对于宦官和女奴也设博士给他们讲授儒家经典。

有一次,苻坚去太学考察,向博士官们了解儒家经典的讲授情况,谈话中了解到由于长期战乱,现在关于儒家礼乐方面的教学还存在一些缺陷,苻坚非常感叹。这时有个叫卢壶的博士对苻坚说:"废学既久,书传零落,比年缀撰,正经粗集,唯《周官礼注》未有其师。窃见太常韦逞母宋氏世学家女,传其父业，得《周官》音义，今年80岁，视听无缺，自非此母无可以传授后生。"推荐韦逞母宋氏来主讲《周官》。

符坚听后，立即批准了卢壶的建议。但是，当时关于男女界限的封建礼教还比较严格，还没有妇女在太学任教的先例。于是，符坚下令就在宋氏的家中设立讲堂，设置120个生员的名额，由宋氏主讲《周官》，学生们"隔绛纱幔而受业"。为了表彰宋氏收徒授经的功劳，符坚授以她"宣文君"的称号，并赐侍婢10人给她。由于宋氏的传授，使许多后生又继承了这门行将失传的绝学。"《周官》学复行于世，时称韦母宋氏焉"。

◎故事感悟

在男尊女卑的封建社会中，符坚敢于打破常规，起用妇女为师，讲授儒家经典，其尊师重道的态度值得后人称道。而宋氏以80高龄，毅然走上讲堂，将传世家学公之于众，使更多的后生掌握这门绝学，堪称"为人师表"，更值得后人敬仰！

◎史海撷英

符坚推贤良励精图治

符坚刚刚即位的时候，前秦社会是一片混乱。当时，关中本来是各民族杂居的地区，民族仇杀此起彼伏。前秦在战乱之中建国，法律制度都十分不健全。而符生在位时，又实施的是残暴的统治，所以水旱灾害也是时有发生，导致千里秦川豪强横行，老百姓苦不堪言。

其实，早在符坚做东海王时，就痛感时弊误国害民，因而即位后也下定决心开创清明的政治局面，整顿吏治，惩处不法豪强，平息内乱，实行与民休养生息的政策。他深知明政无大小，以得人为本的道理，所以广招贤才，并首先从调整最高领导机构入手，果断地处斩了帮助符生作恶的佞臣董荣、赵韶等20余人，使国家吏治得到了快速的整顿。

◎文苑拾萃

咏史下·苻坚

（宋）陈普

甲申乙酉是明朝，趣死骄氐气欲飘。
一寸菰蒲长一丈，无人知是宋人苗。

六朝门苻坚

（唐）周昙

百万南征几马归，叛亡如猬亦何悲。
宾擒敌国诸戎主，更遣权兵过在谁。

廖燕纵论师道

◎不忘师之教，亦尊长也。——格言

> 廖燕（1644—1705年），初名燕生，字柴舟，曲江人，清初具有异端色彩的思想家、文学家。因一介布衣，既无显赫身世，又乏贤达奥援，所以生前死后，均少人知。待道光年间，阮元主修《广东通志》，其集已难寻觅。19岁时补为秀才，在武水西筑"二十七松堂"潜心经史，攻古文词。廖燕著述颇丰，收辑为《二十七松堂集》，共10卷，包括论、辩、说、记、序、文、尺牍、传、墓志铭、杂著、疏、书后、词、诗等。共计文370篇（含卷一自序），诗551首。代表作是《金圣叹先生传》。

中唐古文运动领袖韩愈曾撰《师说》一文，反复阐述从师传道授业解惑的道理，提出不论贵贱少长只要术业有专攻、道之所存便可为师的主张。文章针对当时士大夫不学无术耻于从师的风气而发，论辩有力，脍炙人口，成为世代传诵的千古名篇。近千年后，清初学者廖燕认为，韩愈之《师说》"似未尽发其义"，于是撰《续师说》二篇别创新论。文章一出，一时被誉为"持世辣手"的"千古大文至文"，"真堪推倒一世之智勇，开拓万古之心胸，凡父兄子弟各宜置一通座右"。

廖燕的《续师说》纵论为师、求师之道，确有其独到的精辟见解。廖燕认为，师既与天地君亲同列为宇宙之中五大最受尊崇的地位，"其责任不甚重乎哉"！如若不负虚名真正担当起为师的重任，起码须具备以下三项条件：首先"师莫重乎道，其次必识高而学博，三者备始可泛应而不穷"。而事实上"师之道不明于天下"久矣，尤以清代为甚。

廖燕尖锐地指出：那些为人师者，"不唯道德为其所甚讳，即询以经书大义已多茫然不知其解者。每至登堂开讲，只将朱注讲章宣说一通，便以为师道尽是矣"。这些庸师，满口古圣先王，冠冕堂皇，其实无非以捷取俘获为得计。"师以此欺其子弟，而子弟亦遂以此自欺，举世皆然，恬不为怪"，这哪里还有什么师道可言！如果律以庸医误死之条，庸师误人子弟影响更大，所误人数更多，又当处以何罪？

对于韩愈师不必贤于弟子之说，廖燕也提出了不同看法，他认为，为师者理所当然"不可不贤于弟子"，姑不论为人师表即应在道德上做出表率，至少"其议论文章亦必求稍通于训诂、帖括之外，而发前贤所未发，使子弟有所取法，奋发开悟，一变其夙昔之所为而不知谁之力者，然后师之道得而师之称始可受之而无愧也"，否则即属旷职，"官旷位则有罚，师旷位则有讥"。

廖燕进而要求为师解经正应"假纸上之陈言，诠吾胸之妙理"，不可拘泥程朱"藉口功令以掩其空疏之诮"。廖燕冷嘲热讽，用犀利的笔锋层层剥开庸师不学无术只知宣说陈腐空疏朱注讲章行骗的虚伪浅薄嘴脸，可谓切中时弊，入木三分。

继而，廖燕在《续师说二》中笔锋一转，把问题放置在更为深广的社会背景中，进一步探讨"师至今日虽欲求不庸而不可得"的原因。他一针见血地指出，是科举制度八股取士造成"凡子弟所习，非训诂帖括之书则不敢读。其父兄之禁更甚焉，师将奈之何哉"！世之父兄没有不想教育好子弟的，却不懂施教之法，"以为教子弟之法莫善于制义"，以图八股入仕博取富贵功名，其结果使子弟"日夜竭精敝神"，导入歧途。廖燕对无数"具聪颖特绝之资"的青少年"尽汩没于其中"的状况深感惋惜。他提出，正确的求师授徒方法应当是"莫善于择贤师而不禁子弟之博览"。

廖燕《续师说》与韩愈《师说》探讨问题的视野、角度、侧重点不同。廖文不袭陈套，独创新见，尤其针对明清不良学风痛加针砭，目光如炬，惊世骇俗；又兼行文老辣，揶揄嘲讽，痛快淋漓，完全可以和韩文互补、鼎立颉颃。韩愈的《师说》流传千古独享盛誉，廖文却只在问世之初受到少数有识之士和挚友的激赏，迄今早已鲜为人知，这多少有些不大公平。

廖燕《续师说》之所以长年湮没无闻，在很大程度上是由于该文刺痛了封建文化专制主义的神经，遂被视为异端加以禁锢压抑，而这正是廖文极可宝贵之处。廖燕对自己叛逆世俗之作的不遇早有预感，他深信"不遇之义，其文必佳"，"佳者必传，是天将传吾文也"。但在当时，他只能"取匣盛之，为冢于名山之巅，大书其上曰：'曲江廖某不遇文冢'。"他把希望寄托在"千百年后，有如廖某其人者，将欷歔感慨而凭吊之"。

◎故事感悟

今天，我们正该拭去历史的灰尘，恢复廖燕著作的本来光彩，让他的《续师说》与韩愈的《师说》相辉映，不断给后学者以有益的启示。

◎史海撷英

廖燕的文学理念主张

廖燕是清朝初期著名的思想家和文学家，他的散文充满了强烈的社会批判精神：对程朱理学，他持批判的态度，揭露统治者"以梦愚天下后世"；对科举制度，他也持批判的态度，认为这套制度是为统治者钳制思想言论的。他呼吁文章用世，提出布衣与人主平等的思想，这在当时是非常可贵的。

廖燕还写了很多人物传记，往往能写出传主的精神气质；山水游记则更是情景结合，表现出了自己的个性；小品文也是随心所欲，纵横自如。他对自己文章与统治者的矛盾有充分的认识，并看到这才是他所追求的价值所在："不遇之文，其文必佳，……佳者必传，是天将传吾文也。"

近代以来，廖燕的文学思想内涵已经越来越受到研究者的重视了。

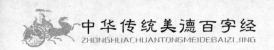

骆绮兰拜师

◎臣闻明王圣主，莫不尊师贵道。——《后汉书·孔僖传》

> 骆绮兰（1756—?），字佩香，号秋亭，江苏句容人。江宁诸生龚世治妻。早寡，少耽吟咏。袁枚、王文治弟子。善于绘画，所作芍药三朵花图卷，入恽寿平之室。尤喜画兰，以寄孤清之致。有自绘佩兰图及秋灯课女图，题者不多作。著《听秋轩诗集》。

骆绮兰出身于大家名门之后，自幼从父学诗，"垂发时，即解声律"。及笄后嫁金陵（今江苏南京）龚世治，世治亦富文才，虽家道中落，夫妇"辍吟咏，谋生计"，相为唱和，亦颇和谐。

但婚后不久龚世治便亡故了，绮兰携幼女孀居，持门户之余仍不忘"老屋数椽，秋灯课女，以笔墨代蚕织"。绮兰工诗善画，"索诗画者日益众"，在周围一带颇有名气。但也有人认为女子未必能有此佳作，怀疑她的诗稿皆请他人代作。

绮兰对此愤懑不服，但她清醒地意识道："女子之诗，其工也，难于男子。闺秀之名，其传也，亦难于才士。何也？身在深闺，见闻绝少，既无朋友讲习，以瀹其性灵；又无山川登览，以发其才藻。非有贤父兄为之溯源流，分正伪，不能卒其业也。迄于归后，操井臼，事舅姑，米盐琐屑，又往往无暇为之。才士取青紫，登科第，角逐词场，交游日广；又有当代名公巨卿从而揄扬之，其名益赫然照人耳目。"

为了使自己的作品得到社会承认，也为了开阔眼界进一步提高学业，她毅然冲破封建礼教对妇女的重重封锁拘囿，"间出而与大江南北名流宿学觌面分韵，以雪倩代之冤，以杜妄人之口"。并且相继"师事随园、兰泉、梦楼三先生，出旧稿求其指示差缪，颇为三先生所许可"。袁枚《随园诗话·补遗》提到绮兰拜师的经历："(佩香)诗才清妙，余《诗话》中录闺秀甚多，竟未采及，可谓国中有颜子而不知。辛亥(1791年)冬，从京口(今江苏镇江)执讯来，自称女弟子，以诗受业。"

绮兰生活的乾嘉年间，理学猖獗，妇礼谨严。社会上标榜"妇女内言不出阃外"，"文章虽曰公器，而男女实千古大防，凛然名义纲常"。其时袁枚因倡导女子文学、接受女弟子而被封建卫道者们攻击为"惟造淫词邪说，蛊惑士女，竟趋浮薄傀佻，务令网人于禽兽之域"的"清客密骗之罪人"。而从学女弟子则被指斥为"无知士女，顿忘廉耻"；"己方以为才而炫之，人且以为色而怜之。不知其故而趋之，愚矣；微知其故而亦且趋之，愚之愚矣！"而骆绮兰不但以三十多岁孀居寡妇身份自称女弟子，连续拜三位诗坛名流为师，而且公然接待袁枚留宿七日。袁枚有《京口宿骆佩香女弟子家七日赋诗道谢》云：

> 小住金山供佛斋，多君事事费心裁。
> 代筹寒暖将衣送，更作羹汤破浪来。
> 任妇无儿空课女，左芬有貌更多才。
> 自怜刘伊清谈久，坐见庭蕉带雪开。

绮兰惊世骇俗的拜师举动引起舆论大哗。虽然"世之以耳为目者敢于不信兰，断不敢不信随园、兰泉、梦楼三先生也"，人们不再怀疑绮兰诗作的著作权，但却"疑之者息而议之者起矣！又谓妇人不宜作诗，佩香与三先生相往还尤非礼"。

对此，她理直气壮地反驳道："随园、兰泉、梦楼三先生苍颜白发，品望之隆，与洛社诸公相伯仲，海内能诗之士，翕然以泰山北斗奉之，百世以后犹有闻其风而私淑之者。兰深以亲炙门墙、得承训诲为此生之幸。谓不宜与三先生追随赠答，是谓妇人不宜瞻泰山仰北斗也。为此说者亦应哑然自笑矣。夫不知其人之才而疑之者私，明知其人之才议之者刻，私与刻皆非醇厚君子

之用心也。"

骆绮兰不但自己刻苦治学攻诗,而且课女如课子,《题骆佩香(秋灯课女图)》描述母女教读情状:

> 手持竹素丁宁语,劝儿勤学儿无苦。
>
> 女傅常怀宋若昭,状元竟有黄崇嘏。
>
> 衍波素纸界乌丝,两汉三唐亲教之。
>
> 婴婉上口娇音似,辛苦分明绛蜡知。
>
> 有时课罢天将白,阿母还思作女日。
>
> 记得当初老伏生,一样灯前劳指画。

这既是绮兰在教女课读,也是她自己童年胸怀"女状元"黄崇嘏女扮男装建功立业志向,深夜苦读的真实写照。

◎故事感悟

骆绮兰最终以自己的真才实学在清中期诗坛博得与台阁诸公相颉颃的声誉,而她那种求学、尊师的精神,永远跟她的才学一样,放射着耀眼的光芒!

◎史海撷英

骆绮兰出诗集

乾隆六十年(1795年),骆绮兰正式出版了自己所著的《听秋轩诗集》六卷,共收录了诗文577首,袁枚、王文治、曾燠三位业师亲自为之作序。她的诗作还被袁枚选入《随园女弟子诗》当中。

嘉庆二年(1797年),骆绮兰又将江珠、毕汾、毕慧、鲍之兰、鲍之慧、鲍之芬、周澧兰、卢元素、张少蕴、潘耀贞、侯如芝、王琼、王倩、王怀杏、许德馨、秦淑荣、叶毓珍等远近闺秀的投赠之诗、唱和之作辑为《听秋馆闺中同人集》

刊刻，以为女子文学张目，"使蚩蚩者知巾帼中未尝无才子"，"彼轻量人者，得无少所见多所怪也"！

骆绮兰的《听秋轩诗集》在当时产生了较大的影响，并为《清史稿·艺文志》、《续江宁府志》等国史、方志正式著录。

◎文苑拾萃

玉晨观

（清）骆绮兰

地肺开金阙，天文应玉晨。

灵风宵步斗，旭日晓朝真。

阶净松能扫，门闲鹤自巡。

碑应镌碧落，路已隔红尘。

紫诰云边下，《黄庭》案上陈。

山中陶宰相，世外魏夫人。

果熟猿知采，丹成虎亦驯。

华阳仙洞里，好领四时春。

魏巍对老师的深情

◎尊敬老师、尊敬长者，我们要继承这种传统美德。——格言

魏巍（1920—2008年），河南郑州人，中国当代著名作家。1937年抗日战争爆发后参加八路军，1938年加入中国共产党。1939年开始发表诗歌和散文。主要作品有报告文学集《谁是最可爱的人》，散文杂文集《壮行集》，诗集《黎明风暴》、《不断集》和长篇小说《东方》等。1950年底，奔赴朝鲜前线，和志愿军一起生活、战斗。回国后发表了一批文艺通讯，其中《谁是最可爱的人》在全国引起了广泛影响。从此，"最可爱的人"成了志愿军的代名词。1978年，创作完成了抗美援朝题材长篇小说《东方》，于1983年获首届茅盾文学奖。

魏巍八岁时，在县城新办的"平民小学"读书。在这里，魏巍遇到了一位终生难忘的女教师蔡芸芝先生。

蔡先生十分喜爱自己的学生，从不打骂学生，经常为孩子们安排丰富多彩的课外活动。教学生们跳舞，假日里带学生到自己家或女朋友的家里做客，让学生们在园子里观察蜜蜂，增长课外知识，使孩子们的生活充满色彩，身心得以健康发展。

蔡先生还注重培养学生的爱好志趣，常用"歌唱的音调"教学生读一些诗。魏巍就是在她的教育下，开始接近文学、爱好文学的，这些都使魏巍终生难忘。他在回忆中写道："像这样的老师，学生们怎么会不愿接近她喜欢她呢？""同学生们见到她就不由得围上去"，"即使她写字的时候，也默默地看着她，连她握铅笔的姿势都认真模仿。"

有一件小事，在魏巍的心底一直深深地埋藏着。那时候，魏巍的父亲在军阀部队里当兵，好几天没有回来。母亲非常牵挂他，常常在神像前焚香磕头，卜问吉凶。

魏巍虽不像母亲那样，但也略略懂了些事。可是在孩子群中他的一些小"反对派"们，常常在他身边猛喊："哎哟哟，你爹回不来了哟，他吃了炮子啰！"这使魏巍当时感到真好像死了父亲似的那么悲伤。蔡老师知道这事后，热情地援助了魏巍，批评了那些小"反对派"们，还写了一封信劝慰魏巍，说他是"心清如水的学生"。这使魏巍幼小的心灵得到了莫大的抚慰。他念念不忘，在回忆中写道："一个老师排除孩子世界的一件小小的纠纷，是多么平常。可是回想起来，那时候我却觉得她给了我莫大的支持。在一个孩子的眼睛里，他的老师是多么慈爱、多么公平、多么伟大的人啊！"这段话，满怀深情地抒发出他对老师的无比崇敬和热爱之情。

有一次，学校开始放暑假了，蔡老师收拾行装准备回家，魏巍默默地站在蔡老师的身旁，看老师收拾这样那样的东西。

对于一个孩子来说，暑假生活是轻松愉快、欢畅的，总觉得时间过得快。可魏巍因想念蔡老师，却感到暑假是那么的漫长。

在一个夏季的夜里，席子铺在当屋，旁边燃着蚊香，魏巍睡熟了。不知睡了多久，也不知是夜里的什么时辰，他忽然爬起来，迷迷糊糊地往外就走，母亲喊住他问："你要去干什么？"

"找蔡老师去……"他模模糊糊地回答。

"不是放暑假了吗？"

"哦！"

这时魏巍才醒来，看看那块席子，自己已走出六七尺远了。母亲把他拉回来，劝说了一会儿，才又睡熟了。这是一个学生对他的老师多么深的依恋之情啊！

魏巍曾这样写道："至今回想起来，我还觉得这是我记忆中的珍宝之一。一个孩子纯真的心，就是那些热恋的人们也难比啊！……什么时候，我能再见一见我的蔡老师呢！"

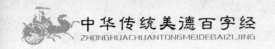

◎故事感悟

　　魏巍有一篇文章叫《我的老师》，写得情真意切，感人肺腑，充分表达了自己对蔡老师的无限热爱和思念之情。魏巍对老师的深情，是源于他对老师的无比尊敬和关爱啊！

◎史海撷英

魏巍的主要作品

　　魏巍是一位长期生活在部队中的颇负盛名的优秀作家，因此，他所创作的诗歌、报告文学、小说、散文、杂文等，都及时地反映了现实生活，洋溢着饱满的政治热情。同时，他还擅长在写作中将叙事、写景、议论、抒情巧妙地融为一体，语言朴实优美，深受广大读者的喜爱。

　　魏巍的主要作品有长篇小说《革命战争》三部曲之《地球的红飘带》、《火凤凰》、《东方》（其中《东方》获茅盾文学奖。），诗集《黎明风景》、《不断集》、《红叶集》、《魏巍诗选》，散文集《谁是最可爱的人》、《幸福的花儿为勇士而开》、《壮行集》、《话说毛泽东》、《魏巍杂文选》、《魏巍散文选》等，杂文集《春天漫笔》等。

第四篇

为人师表，爱生有方

陶渊明对少年教导有方

◎勤学如春起之苗，不见其增，日有所长。——陶渊明

陶渊明（约365—427年），字元亮，号五柳先生，谥号靖节先生，入刘宋后改名潜。浔阳柴桑（今江西省九江市）人，东晋末期南朝宋初期诗人、文学家、辞赋家、散文家。曾做过几年小官，后辞官回家，从此隐居。田园生活是陶渊明诗歌的主要题材，因此后来文学史上称他为"田园诗人"。相关作品有《饮酒》、《归园田居》、《桃花源记》、《五柳先生传》、《归去来兮辞》、《桃花源诗》等。

陶渊明在文学方面，一直长于诗文辞赋，诗词多为描绘自然景色及其在农村生活的情景，其中的优秀作品寄寓着对官场与世俗社会的厌倦，表露出其洁身自好、不愿屈身逢迎的志趣，但也有宣扬"人生无常"、"乐安天命"等消极思想。其艺术特色，兼有平淡于爽朗之胜，语言质朴自然，而又极为精炼，具有独特风格。

在陶渊明退归田园隐居后，有不少读书的少年都来向他求教。有一天，陶渊明的家中来了一位少年。这少年行完礼后，便非常诚恳地说："小辈非常敬仰先生的知识，有心向先生讨教读书妙法，望先生指教。"

陶渊明一听这话，便皱了眉头，他想责备少年幼稚可笑，在做学问时竟想找捷径。但转念又一想：这少年是来虚心讨教的，对晚辈应当循循善诱才是！于是，陶渊明拉着他走到一块稻田边，指着一棵尺把高的禾苗说："你聚精会神地瞧一瞧，看禾苗是不是在长高？"少年目不转睛地看了半天，眼睛都酸了，那禾苗却仍然和原来一样不见长高。他失望地对陶渊明说：

"没见长呀！"

陶渊明又把少年带到溪边的大磨石前，问道："你看看那块石头，那磨损的马鞍一样的凹面，它是在哪一天被磨损成这样的呢？"

少年想一想，说："不曾见过。"

陶渊明耐心地启发诱导说："要你看禾苗，是想让你知道，虽然眼睛观察不到，但禾苗的确是每时每刻都在生长的。如同我们做学问，知识的增长也来自平时一点一滴的积累，我们自己也没有觉察到。但是只要持之以恒，就可以见成效。所以人们说'勤学如春起之苗，不见其增，日有所长'。"

少年点点头，说："我明白了，这磨损的刀石是年复一年地磨损才成马鞍形的，不是一天之功。先生，我说的是不是？"

陶渊明赞许地点点头，接着说："从这磨石，我们可以悟出另一个道理，'辍学如磨刀之石，不见其损，日有所亏'。学习一旦中断，所学的知识会在不知不觉中忘掉。"

少年一下子豁然开朗，叩首拜谢道："多谢先生，小辈明白了，'勤学则进，辍学则退'的道理，从此再不妄想学习妙法了。"

陶渊明高兴地对少年说："我给你题个字吧。"挥起大笔写道：

> 勤学如春起之苗，不见其增，日有所长；
> 辍学如磨刀之石；不见其损，日有所亏。

少年恭恭敬敬地接过字幅，一直把它当做自己勤学苦练的座右铭。

◎故事感悟

陶渊明以引导的方式对后生进行劝诫。陶渊明有着博爱的胸怀和情感，所以他对后辈的教导都是很中肯的。这个故事启迪我们，应爱护幼小，找到正确的方法，鼓励、引导其健康成长。

◎史海撷英

陶渊明创作大量饮酒诗

在中国文学史上，陶渊明是第一位大量写饮酒诗的诗人。他的《饮酒》二十首以"醉人"的语态，或指责是非颠倒，毁誉雷同的上流社会；或揭露世俗的腐朽黑暗；或反映仕途的险恶；或表现诗人退出官场后怡然自得的心情；或表现诗人在困顿中的牢骚不平……从诗的情趣和笔调来看，这些作品应该不属于同一时期的作品。

东晋元熙二年（420年），刘裕废晋恭帝为零陵王，次年又将晋恭帝杀害，自立为帝，建立了刘宋王朝。陶渊明的《述酒》一诗，便以比喻的手法，隐晦曲折地记录了这一篡权易代的过程，对晋恭帝以及晋王朝的覆灭流露出了无限的哀惋之情。此时，陶渊明已躬耕隐居多年，乱世也看惯了，篡权也看惯了，但这首诗仍然透露出了他对世事不能忘怀的情怀。

◎文苑拾萃

述　酒

（东晋）陶渊明

重离照南陆，鸣鸟声相闻；

秋草虽未黄，融风久已分。

素砾皛修渚，南岳无余云。

豫章抗高门，重华固灵坟。

流泪抱中叹，倾耳听司晨。

神州献嘉粟，西灵为我驯。

诸梁董师旅，芊胜丧其身。

山阳归下国，成名犹不勤。

卜生善斯牧，安乐不为君。

平王去旧京，峡中纳遗薰。

双陵甫云育，三趾显奇文。

王子爱清吹，日中翔河汾。

朱公练九齿，闲居离世纷。

峨峨西岭内，偃息常所亲。

天容自永固，彭殇非等伦。

汤显祖爱生办学

◎让我们与后辈们共勉。——格言

> 汤显祖（1550—1616年），字义仍，号海若、清远道人，晚年号若士、茧翁。汉族，江西临川人。中国明代末期戏曲剧作家、文学家。在中国和世界文学史上有着重要的地位。代表作有《牡丹亭》、《紫钗记》等。

汤显祖从小聪明好学，"童子诸生中，俊气万人一"，14岁便补了县诸生，21岁中了举人。

按汤显祖的才学，在仕途上本可以望拾青紫如草芥了。但是，跟随整个明代社会一起堕落的科举制度，此时已经十分腐败，考试也成了上层统治集团营私舞弊的幕后交易，成为确定贵族子弟世袭地位的骗局，而不再以真实才学论人了。

万历五年、八年的两次会试，当朝的首辅张居正要安排他的几个儿子取中进士。为遮掩世人耳目，便又想找几个有真才实学的人作陪衬。他打听到海内最有名望的举人无过于汤显祖和沈某等人时，便派自己的叔父去笼络他们，声言只要肯同宰相合作，就许汤显祖等人中头几名。以宰相的威势，加上许多人梦寐以求的诱惑，沈某等出卖了自己，果然中了高科。然而汤显祖却始终洁身自好，不为所动。

在汤显祖看来，他虽然不反对张居正进行的政治改革，但作为一个正直的知识分子，他憎恶这种腐败的社会风气，因而也先后两次严峻地拒绝了招揽，说："吾不敢从处女子失身也。"结果是可想而知的：汤显祖最终名落孙山。而且，在张居正当权的年月里，汤显祖是永远地落第了。

但是，汤显祖却以其高尚的人格和纯洁的操守，得到了海内人士的称赞。张居正死后，张四维、申时行相继为相，他们也曾许汤显祖以翰林的地位，拉汤显祖入幕，但汤显祖也都一一拒绝了。

明万历二十一年（1593年）三月十八日，汤显祖来到遂昌，稍事安顿，第三天便去拜谒孔庙。这天一早，教谕于可成到县衙来接汤显祖。

孔庙位于县衙东南不远，坐北朝南，始建于宋雍熙二年，此后多次修葺，扩大规模。当中为大成殿、明伦堂，前面两侧东为名宦祠，西为乡贤祠，棂星门前道路横贯东西，路南侧石雕花护栏，栏外是半月形的荷花池，池水清漪，鲤鱼游戏。

汤显祖一行来到棂星门前，训导周思问、黄继先率县学生员早已在门口迎候。汤显祖看到簇新的殿堂屋宇，心中欣喜，这僻居万山之中的小县，尊圣重儒之风由此可见。汤显祖和学官生员一起瞻拜了先圣，又拜谒了名宦祠和乡贤祠，感慨地说："遂昌虽地处山区，但地灵人杰，宋代龚原兴濂洛之学，尹尧庵著纲目发明，实乃诸生楷模啊。"

"汤大人文名远播海内，学生们仰慕已久。今日来到遂昌，真是三生有幸。日后还望大人教诲。"

"就让我们共勉吧！"汤显祖和学官诸生说说笑笑，亲若师友。"哎，我们去看看县学吧。"

汤显祖一提县学，学官和诸生都显出一脸为难的情绪，于教谕说："不瞒汤大人，遂昌县学早已破敝不堪，生员们无处讲学哪。"

"县城内就没有其他学舍吗？"汤显祖不解地问道。

"县城内东南西北四隅有社学，还有几处义塾，因场地狭小，仅可供童生诵习。"于教谕惭愧地说，"万历六年，知县钟大人创讲堂三间，供生员讲习，因年久失修，今已废弃。"

汤显祖和大家来到讲堂处，只见傍山缘溪一片空旷地带，眠牛山树木苍翠，南溪水碧波如带。而三间讲堂断壁颓垣，杂草蔓路，一片荒凉。

回到县衙，汤显祖心情久久不能平静。兴国之本，莫过于教育。文教兴，礼乐行，礼乐行而天下平。汤显祖下决心从办学入手，振兴遂昌的教育。经过几天的调查思考，汤显祖请来学官一起商议办学的事。

首先碰到的就是经费问题。遂昌地处山区，地瘠民贫，赋税微薄，学官们都说："县学破敝，我们几年来多次提议修复，怎奈县里经费无着，不能如愿。万历十六年修建先圣庙，知县王大人主持清查民间欺隐官田易价筹资，历经三年才完成。"

"县中没有学舍为诸生讲诵，这可是当务之急啊！"汤显祖说："目前县里尚有三千钱的学租，我们就先干起来，烦劳诸位费心。"

说干就干，汤显祖和学官们一起在眠牛山下原讲堂旧址相好地形，着手先建学堂。由于经费不足，汤显祖把自己的俸禄捐献出来，审案所得的讼金也献出来。有些人出不起讼金的，汤显祖采取让诉讼人出工出力，或出木材的办法。学员们看到汤县令为大家筹建学舍，也都情绪高涨，积极地到工场参加劳动。汤显祖也经常到工场察看并和学员们一起劳动。

六月，射堂建成。宽敞的门厅翼角起翘，门内引泉为池，池水清澈，红鲤鱼在荷间游戏，池边杨柳垂腰，一条通道直达射堂。堂前一片空阔地带，可供驰步骑射，在通道两旁，各建学舍十五间，可供六十人住宿读书。学舍前后遍植桃李。至八月，射堂学舍全部竣工，汤显祖为之取名"相圃书院"，大堂名为"象德堂"，并亲自为之题匾。

相圃书院建成，生员们欢欣鼓舞。汤显祖兴学重教的精神也进一步启发了生员们勤学上进的学风。学员们每天早起晨练，日夜诵习，学官们也悉心教导。汤显祖经常到书院给生员讲课，和诸生一起习射，真是一派喜人景象，县城的百姓看了，都为之羡慕。

看到生员们都安心学习，汤显祖着实为之高兴，但他更想到了长远。书院建成了，要巩固，要发展，还必须要有相应的措施来保障。汤显祖决定从城隍庙和寿光宫租田中划出一百箩，作为相圃书院的租田，安排专人负责收管。所收田租，用于修葺学舍和补贴生员生活之需。汤显祖写了《给相圃租石移文》和《相圃书院置田记》，并刻石立照，以示后人。

◎故事感悟

汤显祖对后辈的悉心教导和无微不至的关怀，使学生们备受鼓舞。对后辈的关怀和爱护是我们中华传统美德的体现，我们更应该对此加以继承。

◎史海撷英

汤显祖的创作主张

在文学思想上，汤显祖与公安派反复古思潮相呼应，明确地提出了文学创作首先要"立意"的主张，将思想内容放在第一位。这些思想在汤显祖的作品中也都得到了具体体现。

虽然汤显祖也创作过诗文等，但他成就最高的还是传奇。他是我国古代继关汉卿之后的又一位伟大的戏剧家。他的戏剧创作现存主要有《玉茗堂四梦》(或称《临川四梦》)及《紫箫记》。

◎文苑拾萃

《牡丹亭》

汤显祖曾说："一生四梦，得意处惟在牡丹。"《牡丹亭》即《还魂记》，也被称为《还魂梦》或《牡丹亭梦》。它是汤显祖的代表作品，也是我国戏曲史上的浪漫主义杰作。

《牡丹亭》共55出，描写了杜丽娘和柳梦梅的爱情故事，其中不少情节取自话本《杜丽娘慕色还魂》。

剧情的梗概是：贫寒书生柳梦梅有一天梦见在一座花园的梅树下立着一位佳人，说同他有姻缘之分，从此便经常思念这位梦中的女子。

当时南安的太守杜宝有个女儿，名叫杜丽娘，才貌端妍，从师陈最良读书。她由《诗经·关雎》章而伤春寻春，从花园回来后便在昏昏睡梦中见一位书生，持半枝垂柳前来求爱，两人在牡丹亭畔幽会。杜丽娘从此便愁闷消瘦，一病不起。在弥留之际，杜丽娘要求母亲将她葬在花园的梅树下，嘱咐丫环春香将其自画像藏在太湖石底。其父升任淮阳安抚使后，又委托陈最良葬女，并修建了"梅花庵观"。

　　三年后，柳梦梅赴京赶考，借宿在梅花观中，在太湖石下拾到了杜丽娘的画像，发现这个女子就是自己梦中见到的佳人。杜丽娘魂游后园，和柳梦梅再度幽会。柳梦梅掘墓开棺，杜丽娘起死回生，两人最终结为夫妻。

　　《牡丹亭》比同时代的爱情剧都高出一筹。在剧中，关于杜丽娘、柳梦梅在梦中第二次见面就相好幽会，杜丽娘鬼魂和情人同居，还魂后才正式"拜告天地"成婚的描写；关于杜丽娘不是死于爱情的被破坏，而是因梦中获得的爱情在现实中难以寻觅，一时感伤而死，也即所谓"慕色而亡"的描写，都使这部戏剧显得别具一格，显示了要求个性解放的思想倾向和浪漫夸张的艺术手法。

蔡元培爱护北大学生

◎军国民教育、实利主义教育、公民道德教育、世界观教育、美感教育皆近日之教育所不可偏废。——蔡元培

> 蔡元培（1868—1940年），字鹤卿，原籍浙江诸暨。民主主义革命家和教育家。数度赴德国和法国留学、考察，研究哲学、文学、美学、心理学和文化史，为致力于改革封建教育奠定思想理论基础。曾任教育总长、北京大学校长、人学院院长、中央研究院院长等职。他为发展中国新文化教育事业，建立中国资产阶级民主制度作出了重大贡献，堪称"学界泰斗、人世楷模"。

1916年9月1日，身在法国游学的蔡元培收到了中国驻法使馆转来的电报。电报是时任民国政府教育部长的范源濂发来的，聘请他担任北京大学校长。

由此，蔡元培最辉煌的时期到来了，并且因为他对大学教育体系的创立，被浓墨重彩地载入中国教育史。

1912年，当蔡元培就任民国政府第一任教育部长时，曾聘范源濂出任教育部次长。因为范源濂并不属于国民党的前身同盟会，因此对蔡元培的邀请在国民党内部引起了一些反对之声，但蔡元培依然坚持己见，说："现在是国家教育创制的开始，要撇开个人的偏见、党派的立场，给教育立一个统一的智慧的百年大计。"

不想四年以后，两人的位置刚好倒了过来，这回是任教育部长的范源濂来邀请蔡元培了。

以1898年京师大学堂建立开始计，当时北京大学建校仅仅18年。京师大学堂可以说是戊戌变法硕果仅存的产物，成立的初衷是痛感国家实力屡弱，

力图引进新学来振兴国势。但是，1916年时的北大虽然已经改名为国立北京大学，其作为"皇家大学"的官僚气与衙门气依然浓厚。

在教员中，有不少是北洋政府的官僚，这些教师即使不学无术，也受到学生巴结，以便日后自己当官仕途方便。陶希圣先生对那时的北大曾有这样的回忆："民国初年，贵族子弟仍然不少，文科那边有一个学生坐自用人力车（洋车）来上课……两院一堂是八大胡同（当时的妓院集中地）受欢迎的重要的顾客。两院是国会的参众两院，一堂就是北京大学——京师大学堂。"

北大的这种腐败名声蔡元培早有所闻，朋友们也劝他不要去，担心他"进去了，若不能整顿，反于自己的名声有碍"。然而蔡元培内心里已经下定决心。在1919年，他曾这样说道："我国输入欧化，六十年矣。始而造兵，继而练军，继而变法，最后乃始知教育之必要。"实际上，"教育救国"的理念是蔡元培自戊戌变法失败后一直坚信不移的信念。

1916年12月26日，蔡元培接受了北洋政府大总统黎元洪的北大校长委任状。1917年1月4日，蔡元培赴北大上任。据当时正在北大上学的顾颉刚回忆，到任那天，校工们在门口恭恭敬敬排队向他行礼，蔡元培"脱下自己头上的礼帽，郑重其事地向校工们回鞠了一个躬，这就使校工和学生们大为惊讶"。实际上，蔡元培从来也没有把北大校长一职看做是一官职，他不做官，也要求学生们不做官。他对学生们说："诸君须抱定宗旨，为求学而来。入法科者，非为做官；入商科者，非为致富。宗旨既定，自趋正轨。"

蔡元培到北大上任，1月11日就呈请教育部聘任陈独秀出任文科学长。当时的北大被重新分为文、理、法三科，下面再分系；文科学长，相当于文学院院长。

在蔡元培引进了陈独秀后，陈又引进了胡适进北大当教师。而胡适当时不过是个连博士学位还没拿到的毛头小伙——后来，胡适在他的纪念文章里曾提到，如果没有蔡元培，他的一生很可能会在一家二三流的报刊编辑生涯中度过。

陈独秀与胡适是蔡元培"兼容并包，思想自由"的著名八字方针下的两段佳话。蔡决心以这八个字来塑造北大，是他在欧洲留学期间就已埋下的心愿。他在《〈北京大学月刊〉发刊词》中阐述了自己对大学精神的理解："大学者，'囊括大典，网罗众家'之学府也。……各国大学，哲学之唯心论与唯物论，文学、美术之理想派与写实派，计学之干涉论与放任论，伦理学之动机论与功利论，宇宙论之乐天观与厌世观，常樊然并峙于其中，此思想自由之通则，而大学之所以为大也。"

在"兼容并包"的精神鼓舞下，北大吸引了中国的各路学术精英。以文科为例，从陈独秀、胡适、李大钊、钱玄同、刘半农、周作人、鲁迅，到辜鸿铭、刘师培、黄侃，大师云集。各种文化社团风起云涌。而那种"师生间问难质疑，坐而论道的学风"，那种民主自由的风气，从那时开始形成，成为北大异于其他大学、吸引后来一代又一代学子的独特传统。

实行教授治校，也是蔡元培在国外留学期间感悟到的。在蔡任北大校长期间建立起教授会、评议会，各科学长由教授会公举等举措，都是对德国大学管理方法的仿效。据时任北大教授的沈尹默回忆，当时的评议会，由全体教授推举，约五人中选一人。凡校中章程规律（如开放女禁、给予女生同等入学权利），都要经评议会同意。

讲到蔡元培与北京大学，就必然讲到五四运动。在蔡元培的支持下，以北京大学为中心的波澜壮阔的新文化运动为五四运动孕育了丰厚的文化背景。而五四运动本身，也直接与蔡元培相关。

1919年5月3日，时任北洋政府外交委员会委员长的汪大燮得知中国政府准备在《巴黎和约》上签字的消息，亲自赶赴蔡元培家将密电内情告知。当晚，蔡即召集学生代表傅斯年、罗家伦等人，向他们通报消息。学生们得知消息群情激愤，原定于5月7日"国耻日"举行的游行，遂提前至5月4日举行。

在游行队伍从红楼出发之前，蔡元培曾在出口处挡了一下。他表示大家有什么要求，他可以代表同学们向政府提出。但在激愤之下，学生们不肯。

当天晚上，在火烧赵家楼后，有32名学生被警察逮捕，其中有20名是北大学生。

5月4日当晚，北大学生群集在三院大礼堂商讨对策。蔡元培对学生们说：

"你们今天所做的事情我全知道了，我寄以相当的同情。"话一出，全场欢声雷动。蔡元培又说："我是全校之主，我自当尽营救学生之责……我保证在三天之内，把被捕同学营救回来。"

蔡元培的营救方式，是去当时执政的段祺瑞所敬重的一位前辈家中说情。那位老先生表示，这件事的难度太大。于是，蔡元培从晚上9点一直坐到12点都不肯走，直到对方表示愿意一试。

在社会的强大舆论压力下，被捕学生于5月7日被保释出狱，而蔡元培却在5月8日向政府提出辞呈。第二天，他就悄然去了天津，后来回了浙江老家。

蔡元培的一生中，曾辞过几十次职。他自认是一学者，从来没有想过要做官。他也绝不会以辞职要挟谁，他只是感到深深的"自伤"。

但这一次辞职，产生的社会震荡远超出蔡元培所想。从北大到北京学界，"挽（留）蔡"竟成了难以平息的学潮的一个组成部分。为表示与蔡元培同进退，北京市各中专以上的校长也全部提出辞呈。在这种压力之下，蔡元培终于7月答应回校复职。

蔡元培后来曾说：自己"居北京大学校长之名义，十年有半；而实际在校办事，不过五年有半"。1923年之后，蔡元培人或在海外，或在国内办大学院和中央研究院等，已经不再管理北大的校务了。但是，北大却从此确立了其现代的传统和校格，而蔡元培也因北大而成为中国一名伟大的教育家。

◎故事感悟

为师者、为长者，应该坚持培养学生或后辈，教他们正确做人，使他们走上人生的正轨。这是真正的爱幼，更高层次的爱幼，最根本的爱幼，蔡先生是当之无愧的楷模。

◎史海撷英

蔡元培积极培植家乡青年

一直以来，蔡元培对家乡青年的培植都是不遗余力的。他先后在家乡主办过绍郡中西学堂、绍兴府学堂、越郡公学、明道女校等学校，并曾任稽山中学的名誉校董。

蔡元培也是我国20世纪初资本主义教育制度的创立者。他明确提出，要废止忠君、尊孔、尚公、尚武、尚实的封建教育宗旨，倡导以军国民教育、实利主义教育为急务，以道德教育为中心，以世界观教育为终极目的，以美育为桥梁的资产阶级民主主义的教育方针，从而初步建立了资产阶级的新教育体制。

蔡元培的教育实践大多都在高等教育方面。在任北京大学校长期间，他提出大学的性质在于研究高深学问。他还提倡学术自由，科学民主，主张学与术分校、文与理通科，将"学年制"改为"学分制"，实行"选科制"，积极改进教学方法，并精简课程，力主学生自学，校内也实行学生自治。他的这些主张和措施在北京大学推行后，曾一度影响全国，以至有人称他为自由主义的教育家。

◎文苑拾萃

蔡元培故居

蔡元培故居位于浙江省绍兴市越城区萧山街的笔飞弄13号。该故居始建于明代晚期，为蔡氏祖父以下几代的居住地。蔡元培先生也出生于此，并在这里度过了童年和青少年时代。

蔡元培故居占地面积为1856平方米，主体建筑坐北朝南，砖木结构，每进三或五开间，中间有天井相隔。第一进门厅，第二进正房，第三进坐楼，系清中期重建，其东次间楼上原为蔡元培住处。该故居是一座保存完整的绍兴传统民居。附近有笔架桥、题扇桥、戒珠寺、蕺山。2001年，蔡元培故居被列为第五批全国重点文物保护单位。

朱自清为门生写《级歌》

◎为学生做好榜样。——朱自清

朱自清（1898—1948年），原名朱自华，字佩弦，号秋实。生于江苏连云港，江苏扬州人，原籍浙江绍兴。1920年毕业于北京大学，后来到清华大学任教。是现代著名散文家、诗人、学者、民主战士。

朱自清1912年进入高等小学读书，1916年考入北京大学预科。1919年2月，他的处女诗集《睡罢，小小的人》出版。1920年，朱自清于北京大学哲学系毕业。

1931年，朱自清留学英国，并漫游欧洲，回国后写成了《欧游杂记》。后来，他又参加了拒绝接受美国救济粮的运动。这让本来就身患肺病的朱自清身体更是虚弱不堪，终于在贫病之中逝世，年仅50岁。

从1920年在北京大学结业起，到1948年8月12日不幸为贫病夺去生命，朱自清先后在杭州、扬州、温州、宁波等地的中学师范和清华大学任教，终其一生都在从事教育事业。教学之余，他还热衷于诗歌、散文创作和中国古典文学研究，写出了许多脍炙人口的名篇。

此外，朱自清还曾为清华大学第九级（1933年入学，1937年结业）的门生写作了一首《级歌》的歌词。全文如下：

莽莽平原，漠漠长天，举眼破碎领土。

同砚少年，同砚少年，来挽既倒狂澜。

行止民间，行止民间，国家元气在民间。

莫怕困难，莫怕折磨，努力同心全在咱！

《级歌》歌词华丽有力。清华大学第九级的门生（其中有蒋南翔、牛荫冠、赵德尊、王达仁、黄绍湘等）高唱这支《级歌》加入"一·二九"抗日救亡运动。1937年7月7日卢沟桥事变时，正是第九级门生结业的时间。他们中的一些人"举眼破碎领土"，高唱着《级歌》"走向民间"，扎根于人民群众之中，加入抗日战争，迎着无数困难和折磨，为中华民族的解放拼尽了力气。

◎故事感悟

一首歌词，使我们明白朱自清对后辈的无比关爱和支持。关爱后辈，不光是在生活上给予他们满足，更多的是在精神上给予他们鼓励。

◎史海撷英

朱自清不领救济粮

1946年10月，朱自清从四川到北平。11月份，他开始担任"整理闻一多先生遗著委员会"的召集人。经过漫长曲折的道路，在黑暗现实的教育下和爱国民主运动的推动下，朱自清终于成为一名坚定的革命民主主义战士。在反饥饿、反内战的实际斗争中，朱自清虽然身患重病，但仍然签名于《抗议美国扶日政策并拒绝领取美援面粉宣言》，并嘱告家人不买配售面粉，始终保持着一个正直的爱国知识分子的高尚气节和可贵情操。

◎文苑拾萃

《荷塘月色》节选

朱自清

　　曲曲折折的荷塘上面，弥望的是田田的叶子。叶子出水浪高，像亭亭的舞女的裙。层层的叶子中间，零星地点缀着些白花，有袅娜地开着的，有羞涩地打着朵儿的；正如一粒粒的明珠，又如碧天里的繁星，又如刚出浴的美人。微风过处，送来缕缕清香，仿佛远处高楼上渺茫的歌声似的。这时候叶子与花也有一丝的颤动，像闪电般，霎时传过荷塘的那边去了。叶子本是肩并肩密密地挨着，这便宛然有了一道凝碧的波痕。叶子底下是脉脉的流水，遮住了，不能见一些颜色；而叶子却更见风致了。

　　月光如流水一般，静静地泻在这一片叶子和花上。薄薄的青雾浮起在荷塘里。叶子和花仿佛在牛乳中洗过一样；又像笼着轻纱的梦。虽然是满月，天上却有一层淡淡的云，所以不能朗照；但我以为这恰是到了好处——酣眠固不可少，小睡也别有风味的。月光是隔了树照过来的，高处丛生的灌木，落下参差的斑驳的黑影，峭楞楞如鬼一般；弯弯的杨柳的稀疏的倩影，却又像是画在荷叶上。塘中的月色并不均匀；但光与影有着和谐的旋律，如梵婀玲上奏着的名曲。

　　荷塘的四面，远远近近，高高低低都是树，而杨柳最多。这些树将一片荷塘重重围住；只在小路一旁，漏着几段空隙，像是特为月光留下的。树色一例是阴阴的，乍看像一团烟雾；但杨柳的丰姿，便在烟雾里也辨得出。树梢上隐隐约约的是一带远山，只有些大意罢了。树缝里也漏着一两点路灯光，没精打采的，是渴睡人的眼。这时候最热闹的，要数树上的蝉声与水里的蛙声；但热闹是他们的，我什么也没有。

陶行知爱护学生

◎为了苦孩，甘为骆驼；于人有益，牛马也做。——陶行知

陶行知（1891—1946年），生于安徽省歙县，是我国伟大的人民教育家，民主革命家。1906年，他进入本县的教会学校崇一学堂免费读书，在这里学习英文、数学、化学等课程，开始接受西方资产阶级的新型教育。1914年毕业于金陵大学，后赴美国留学，师从著名教育学家杜威。1917年回国，历任南京高等师范学校教授、教务主任等，反对沿教"袭陈法"，推行平民教育。五四运动后，陶行知即从事平民教育运动，创办了晓庄师范学校。1930年4月，国民党政府以"勾结叛逆，阴谋不轨"的借口，武力封闭晓庄学校。陶行知受到通缉，被迫临时避难于日本。1931年春，陶行知返回上海，任《申报》总管理处顾问，对当时《申报》的革新起了相当大的作用。

在南京市晓庄学校门口两边的墙上，写着这样两句话"千学万学学做真人，千教万教教人求真"，"学高为师，身正为范"。这两句话体现出了师德的重要性之一，就是榜样的作用。老师的品行、道德、修养和气质，对未成年人的影响十分大。一个散发着人格魅力的老师，也会给他的学生带来终生受益的影响。

一个孩子的母亲，因为孩子把她刚买回家的一块金表当成新鲜玩具给摆弄坏了，就狠狠地揍了孩子一顿，并把这件事告诉了孩子的老师。不料，这位老师却幽默地说："恐怕一个中国的'爱迪生'被你枪毙了。"这个母亲不解其意，老师给她分析说："孩子的这种行为是创造力的一种表现，你不该打孩子，要解放孩子的双手，让他从小就有动手的机会。"

"那我现在该怎么办？"这位母亲听了老师的话,对自己的行为后悔不迭。

"补救的方法是有的。"老师接着说:"你可以和孩子一起把金表送到钟表铺,让孩子站在一旁看修表匠如何修理。这样,钟表铺就成了课堂,修表匠就成了先生,你的孩子就成了学生,修表费就成了学费,你孩子的好奇心可以得到满足。说不定,他还可以学会修理呢!"

这个故事中的那位老师就是我国著名的教育家陶行知先生。

陶行知先生在创办南京晓庄学校初期,曾作过这样一条规定:全校师生员工一律不准喝酒,违者要进自省室里反省。

有一次,晓庄的农友请陶校长陶行知吃饭。农友们要敬他一杯酒,陶行知却一再解释说不能喝,农友们却坚持道:"您不喝就是瞧不起我们农民,瞧不起我们就不算我们的朋友。"

陶行知没办法,只好把酒喝掉了。农民们非常高兴,把陶校长引为自己的朋友。他们哪里知道,陶行知一返回学校,便立即进自省室里反省去了。

1941年,在极端困难和不断遇到迫害的严重情况下,陶行知更是表现出革命英雄主义精神。在反共的阴霾笼罩下,物价暴涨不停,育才学校开支发生了极大困难,常有断炊之忧。他以至于发出了现在"我不得不和米价赛跑"的感慨。国民党政府教育部长陈立夫乘机向他提出,如同意他们派训育主任,即可拨给全部经费,但遭到陶行知断然拒绝。

在经济最困难的时候,陶行知不得不忍痛宣布,全校节衣缩食,每天改吃两餐。他甚至提出,要像武训那样,用"行乞兴学"的精神来渡过难关。

1944年9月25日,陶行知在为画家沈淑羊画的《武训画像》题词时,深情地写道:"为了苦孩,甘为骆驼;于人有益,牛马也做。"

陶行知自己节衣缩食,把募捐到的涓涓滴滴都拿去哺养儿童,而自己却常穿着破衣服奔走于富贵大人和太太之门。他从英国回来之时,曾买了一件晴雨夹大衣,穿久了,又脏又破,他便把它翻过来穿。有一次,陶行知去找一位阔大人,通报的人说:"先生,对不起,我们老爷向来不接待这样装束的人,请你回去吧。"陶行知不慌不忙,掏出一张名片来递给他,那人只好恭顺地送进去了。

在晓庄师范学校，陶行知和大家一起穿草鞋、挑粪、种田、种菜、养鱼，他请唐家洼一位出色的庄稼人唐老头教大家耕种的方法，他自己也做了唐老头的学生。他说，三百六十行，行行出状元，行行都有我们的老师。那时候，大家都是自己扫地、抹桌、烧饭……所有生活上的事不用听差、伙夫，陶行知也亲自参与其事。

◎故事感悟

　　从"爱满天下"出发，把爱生与爱才、爱民族统一起来，陶行知对学生一视同仁，不以家庭门第、衣裳面貌及个人好恶取人，尤其把关注的目光投向许多有特殊才能的穷苦孩子。这种"爱幼"的境界实在是高尚！

◎史海撷英

四颗糖的故事

　　在晓庄学校里，有一次，一个男生用泥块砸了自己班上的男同学，被校长陶行知发现制止后，便命令他放学后到校长室去。

　　放学后，陶行知来到校长室，这个男生早已在这里等着挨训了。可是，陶行知却笑着掏出了一颗糖果送给他，说："这是奖给你的，因为你按时来到这里，而我却迟到了。"

　　男生惊疑地接过糖果。随后，陶行知又掏出第二颗糖果，放到他的手里说："这是奖励你的，因为我不让你打人时，你立即住手了。这说明你很尊重我，我应该奖你。"

　　男生更惊疑了。这时，陶行知又掏出第三颗糖果，塞到男生手里说："我调查过了，你用泥块砸那些男生，是因为他们欺负女生；你砸他们说明你很正直善良，且有跟坏人作斗争的勇气，应该奖励你啊！"

　　男生感动极了，他流着眼泪后悔地喊道："陶校长，我错了，我砸的不是坏人，而是同学……"陶行知满意地笑了，他随即掏出第四颗糖果递过来，说："为

你正确地认识了自己的错误，我再奖给你一块糖果。我没有多的糖果了，我们的谈话也可以结束了。"

◎文苑拾萃

《创造宣言》节选

陶行知

教育者不是造神，不是造石像，不是造爱人。他们所要创造的是真善美的活人。真善美的活人是我们的神，是我们的石像，是我们的爱人。教师的成功是创造出值得自己崇拜的人，先生之最大的快乐，是创造出值得自己崇拜的学生。说得正确些，先生创造学生，学生也创造先生，学生先生合作而创造出值得彼此崇拜之活人。倘若创造出丑恶的活人，不但是所塑之像失败，亦是合作塑像者之失败。倘若活人之塑像是由于集体的创造，而不是个人的创造，那么这成功失败也是属于集体而不是仅仅属于个人。在一个集体当中，每一个活人之塑像，是这个人来一刀，那个人来一刀，有时是万刀齐发。倘使刀法不合于交响曲之节奏，那便处处是伤痕，而难以成为真善美之活塑像。在刀法之交响中，投入一丝一毫的杂声，都是中伤整个的和谐。

马君武对学生的爱护

◎同学相处，应如兄弟手足一样，相亲相爱。——马君武

　　马君武（1881—1940年），原名道凝，又名同，改名和，字厚山，号君武，广西桂林人。中国近代学者、教育家和政治活动家。

　　提起马君武的名气，现在已被不少人淡忘。可20世纪70年代以前，他享誉全国，号称"北蔡南马"，与蔡元培齐名，都担任过教育总长。他不但是中国第一个留洋的工学博士，精通好几门外语，出版过几十部教科书，更是同盟会章程的起草人。有一年，国民党党组织请他填表，他指着"何时入党"这一栏大发脾气："知道同盟会吗？知道同盟会章程是谁起草的吗？"不仅如此，他还亲自做过炸弹。

　　1905年，中国开始创办公学。当时，由于日本政府横蛮压制中国留学生的爱国活动，近千人愤然归国，在上海的近郊吴淞创办了具有革命性的私立大学。

　　创办之初，马君武就是教务长。胡适那时候还是个文秀书生，怀揣远大理想来报考。正是马君武慧眼识珠，把他那篇《言志》的作文试卷拿在手上请同志们传看，大家都说中国公学得到了一名好学生。

　　25年以后，胡适成为大师，当了校长。在国民党政府已经决定要保护个人身体、财产和自由的情况下，他还屡屡撰文，认为国民党做得不够，恨不得一天之内全盘西化，结果被国民党点名批评，还连累到中国公学在教育部

立案的问题，便借口要写他的鸿篇巨制，一走了之，请闲居山野的国民党政府元老马君武重出江湖，接任校长。

于是，马君武走马上任了。

1930年10月，就在他继任校长五个月后，中国公学出了大乱子。起因很简单：一天夜晚，中国公学大学政治经济系改选学生会，为争夺领导权，国民党学生李雄被邓中邦等人当场扭打，一时间秩序大乱，"打倒国民党"、"共产党万岁"的口号不绝于耳。光天化日下挨了打，试问今日之上海，究竟是谁家之天下？吃了大亏的李雄十分郁闷，在同学严经照的陪伴下，连夜向当地国民党党部举报邓中邦、魏佐翰、林宏亮、张国辉四人为共产党员，引起有关部门的高度重视，当即出动军队来校搜查，邓魏两人被捕，另两人在逃。

按"一党专政"的观点来看，学生会当然应该掌握在国民党手里，殴打国民党当选人更是"罪加一等"。谁执政，谁当选；谁打人，谁受罚，不就把一场风波消灭在萌芽状态之中了？按这样的立场处理问题，才是在政治上和国民党政府保持一致。

岂料，马君武闻讯学生被抓后，却认为"以学生竞争学生会选举之故，竟敢诬反对方面或彼等所不快意之人为共产党，欲断送其生命，手段太过残忍"，便出面担保。邓中邦和魏佐翰便在第二天就安全回来了。

五天以后，即10月19日，马君武召开全校大会，掏出名单，当众宣布：将"害群之马"的李同学和严同学除名！

他在会上训话道："同学相处，应如兄弟手足一样，相亲相爱，纵有任何纠纷，解决不了，理应向学校报告设法处理，怎可因竞选失败，几个人凭一本党证到驻军谎报，陷害同学？而大学是研究学术场所，神圣不可侵犯的，驻军不应该不经查明，不通过学校当局，深夜来校抓人。如果此风一长，学校的秩序如何维持？学生的安全有何保障？我身为校长有责任维持学校的秩序，保障同学的安全，对挟怨陷害同学的害群之马，不能不予以严厉的制裁！"

马君武不仅不制裁共产党员学生，反而打压国民党政府学生，中国公学俨然成为革命根据地！

10月底，在中国公学董事会作出马君武辞职、于右任继任的决定后，马君武就是不让位，拥护他的学生屡屡以罢课相助威。

一连两三个月，面对上海市党部、教育部、国民党中央训练部的再三抗议，这位马校长就是不恢复李、严的学籍。

最后，连国民党政府的蒋介石出面都不顶用。学潮期间，马君武去了一趟南京。那时候，蒋介石还兼任教育部长，为了表示对这位国民党政府元勋的敬意，设宴款待。席间，蒋介石要马君武解除罗隆基等进步教授的职务，马君武坚决拒绝，对所谓党义课问题亦不让步，于是愤然返回上海。

◎故事感悟

对后生的爱护至此，马君武不愧为中国著名的教育家。我们在佩服他的这种伟大作为的同时，也要明白，对于幼者的引导、关爱和保护，是永远不能缺少的。

◎史海撷英

马君武弃政从"文"

由于性格比较固执己见，马君武曾经被国民党开除过。后来，国民党广西党部想要为他恢复党籍，就让他填个表。表上有"何时入党"一栏，马君武却填上"同盟会章程是我起草"，弄得党部的官员们都哭笑不得，只好作罢。

马君武曾一度担任广西省长，但多次都与桂系军阀交恶，其座船也被军阀袭击，就连随侍身边的妻子都中弹殒命。死里逃生的马君武后来向老友陆费逵痛陈道："政治生活，真是我所不能过的……可惜数千册心爱的书籍和许多未刊行的诗文译稿，完全丢了，实在令我心痛。"

陆费逵答曰："你是文学家、工业家、教育家，我国应该做的事还很多，你的脾气实在不宜搞政治，为何不去做本行的事业呢？"

就这样，中国的政坛上少了一个"勇夫"，而中国的文坛上却多了一个雷厉风行的大学校长。

◎文苑拾萃

京华早春

马君武

山深三月犹微雪，林密长宵觉峭寒。

图籍纵横忽有得，神思起伏渺无端。

百年以后谁雄长，万事当前只乐观。

欲以一身撼天下，须于平地起波澜。

尊·尊老爱幼

第五篇

幼吾幼，以及人之幼

中华传统美德百字经
ZHONGHUACHUANTONGMEIDEBAIZIJING

潘氏教子走正路

◎梓匠轮舆，能与人规矩，不能使人巧。——《孟子》

胡宗绪（约1670—1740年），字袭参，号嘉遁；清代著名科学家、文学家。胡宗绪与方苞、刘大櫆等为同乡好友。为文不拘泥成法，自成一家。并潜心研究天文、历算、兵法、刑律、地理、六书、九章、音韵之学，尤在天文历算等方面成就显赫。著有《昼夜仪象说》、《象观》、《岁差新论》、《测量大意》、《九九浅说》、《〈数度衍〉参注》、《方舆考》、《台湾考》、《胶莱河考》、《南河论》、《北河论》、《苗疆纪事》、《两界辨》、《古今乐通》、《律衍》、《〈正字通〉芟误》、《字典发凡》、《正蒙解》、《〈大学〉讲义》、《司业奏议》、《环隅集》、《梅胡问答》等。

　　在封建社会，由于对妇女的歧视，人们总习惯地将教育子女看做是父亲的事情，责任、荣誉均归之于做父亲的。所谓"子不教，父之过"，"有其父必有其子"等即是证明。其实，在中国古代，有许多伟大的母亲，她们在教育子女方面为后人树立了光辉的榜样。清朝雍正年间的国子监司业胡宗绪的母亲潘氏，就是这样一位被当时人所敬仰的母亲。

　　康熙年间有个读书人叫胡弥禅，娶了安徽桐城一户潘家的小姐为妻，人称潘氏。婚后生下三个儿子，长子就是胡宗绪。当宗绪十岁的时候，父亲因病去世，一个穷家，三个幼子，全部抛给了潘氏。由于胡弥禅久病，家中毫无积蓄，生活十分困难。但是，这并没有难倒潘氏。她拼命劳作，而且省吃俭用，尽力抚养着三个孩子，给他们以深沉的母爱。

　　胡宗绪稍大一些，潘氏为了培养他成人，决定送他去读书。由于附近没

114

有私塾，潘氏便将儿子送到很远的一所私塾就读。每日清晨，她靠着里巷的大门，含着泪送走宗绪，一直目送着儿子翻过村外的山头，直到看不见儿子的身影才回家。傍晚，她又站在里巷的门前，含着眼泪迎儿子回来。晚饭之后，她让宗绪坐在她面前继续读书。潘氏经常告诫儿子要珍惜这难得的读书机会，刻苦学习，不得浪费大好时光。她还不断鼓励儿子将来参加科举考试，争取成为国家的栋梁之材。

就这样过了三年，家里实在穷得揭不开锅了，无奈之下，潘氏只好让宗绪停止了在私塾的学习，让他在家自学。潘氏虽不识字，但是为了帮助儿子学习，她就让宗绪把书念给她听，然后，凭着自己的社会经验和阅历，把自己理解的意思再讲给儿子。就这样，儿子读，母亲讲，宗绪的学习一直坚持了下来。一天，潘氏听到儿子读程、朱之语，忍不住站了起来，深为感叹地说："我固谓世间当有此！"她要求儿子多读这方面的书，以成为知晓大义之人。又一日，潘氏听到儿子读司马相如的《美人赋》，不禁勃然大怒，立即喝止儿子，不使再读下去，并告诉他，今后不许读这种书。

潘氏对几个孩子的要求非常严格。她经常教育孩子们要做一个正直的人，而且十分注意从日常生活的小事来启发、教育孩子，以使他们知道如何才能做一个正直的人。儿子们要出门时，潘氏总是叮嘱他们要走正路。儿子们回家后，如果她发现谁的衣服被草上的露水浸湿，那么，她就一边用竹板打，一边斥责："奈何不由正路？"同时，她还就此引申，告诫孩子们，出门在外，要走正路，误入歧途就危险了。

潘氏不仅严格要求孩子，而且注意以身作则，用自己的行动为孩子们树立榜样。有一年，赶上了大灾，潘氏自己每天只是吃些瓜蔓、野菜来充饥，而把麦子熬成粥给孩子们吃。即使孩子们剩下一口稀粥，她也舍不得吃，而是让孩子们送给村子里挨饿的灾民。这些举动，给孩子们留下了极为深刻的印象。

胡宗绪在母亲各方面的严格教育下，不仅学业上大有长进，而且逐渐养成了为人正直的品德。一次，胡家拆修房屋，仆人"发地得千金"，遂献与宗绪，宗绪坚决不要。潘氏闻知此事，非常高兴，因为孩子没有辜负她多年的

苦心教育。雍正八年（1730年），胡宗绪考中进士，后官至国子监司业，"笃学行，有所述作"。至此，潘氏严格教子的事迹也为世人所敬仰。

◎故事感悟

寡母与儿相依为命，往往会出现母亲溺爱儿子的情形。然而，潘氏对儿子，除了给予慈母之爱，还履行着严父的职责，从日常生活小事上启发、引导孩子走正直之路，做正直之人。这对于一个封建社会的妇女来说，的确是难能可贵的。

◎史海撷英

康熙微服私访

有一次，康熙在微服私访时，在骆马湖镇上的茶馆里结识了欧阳宏，便引入驿馆里一起吃酒倾谈。当聊到"东宫洗马"的笑话时，聪明过人的欧阳宏马上就敏锐地觉察到面前这位慈祥和善的老者，可能就是当今的皇上。

康熙见其神色，大惊，想到"这个面目丑陋的老人天分极高，怕再顺着这个'洗马'的题目说下去，会暴露自己的身份"，于是，康熙连忙把张廷玉叫来，将话题岔开了。

康熙和张廷玉通过聊天的方式，考察了这个欧阳宏的学问，发现他"学问渊博，才思敏捷，不管是什么事都有独到的甚至是惊人的见解"，康熙心中暗赞："好一个鸿学大儒啊，比起高士奇来，有过之而无不及。只可惜年龄大了点儿，不然的话，朕倒要启用他了。"

后来康熙还是启用了欧阳宏。康熙发现，这个欧阳宏原来就是方苞。方苞此前曾因戴名世的《南山集》而获罪，被废为平民，流落民间。康熙发现后，依然不拘一格，将其以布衣身份录入上书房。能在上书房行走的人，屈指可数，人便以宰相身份待之。

◎文苑拾萃

桐城派散文创始人

清代桐城派散文的创始人是方苞，他尊奉程朱理学和唐宋散文。

方苞根据《史记·十二诸侯年表序》所谓孔子"约其辞文，去其繁重，以制义法"，提倡写古文要重"义法"。他说："'义'即《易》之所谓'言有物'也；'法'即《易》之所谓'言有序'也。意以为经而法纬之，然后为成体之文。"并提出，写文章要重"清真雅正"和"雅洁"。他说，古文中"不可入语录中语，魏晋六朝人藻丽俳语，汉赋中板重字法，诗歌中隽语，《南、北史》佻巧语"。他认为，归有光的散文"其辞号雅洁，仍有近俚而伤于繁者"，又说："凡无益于世教、人心、政法者，文虽工弗列也。"

在《再与刘拙修书》中，方苞反对黄宗羲、颜元的反程朱理学的思想，持论严而拘，但能适合清朝巩固思想统治及文风的需要，所以其说得以流行，影响比较重大。

方苞自己所写的散文，以所标"义法"及"清真雅正"为旨归。他在读经、子、史诸札记，以及《汉文帝论》、《李穆堂文集序》、《书卢象晋传后》、《左忠毅公逸事》、《与李刚主书》、《孙征君传》、《万季野墓表》、《游潭柘记》等，都写得简练雅洁而有断制，没有枝蔓芜杂的毛病，从而开创了清代古文的新面貌。

然而，方苞文章的感情比较淡泊，形象性不强，气魄也不够宏大。为此，袁枚讥笑他"才力薄"，姚鼐也说他："阅太史公书（《史记》），似精神不能包括其大处、远处、疏淡处及华丽非常处。"

李苦禅的教子经

◎子孝父心宽。——陈元靓

李苦禅（1898—1983年），名英，字苦禅，山东高唐人。1925年就学于北平艺术专科学校西画系。不久为艺术大师齐白石知遇，欣纳门下，开始学习中国画。毕业后曾先后在北京师范学校、杭州艺术专科学校任教。建国后，历任中央美术学院教授，第六届中国人民政治协商会议全国委员会委员等。从事美术创作和美术教育六十余载，其花鸟大写意画具有特色，汲取石涛、八大山人、扬州画派、吴昌硕、齐白石等前辈技法，其国画如著名的《松鹰图》、《育鸡图》、《水边即景》等，笔法大气，气势磅礴，形神兼备，是国画史中不可多得的精品。

李苦禅是我国著名的艺术家、绘画大师。他经常对儿子说："人，必先有人格，尔后才有画格；人无品格，下笔无方。秦桧并非无才，他的书法相当不错，只因人格恶劣，遂令百代世人切齿痛恨，见其手迹无不撕碎如厕或立时焚之。据说留其书不祥，会招祸殃，实则是憎恶其人，自不会美其作品了。"

李苦禅是这样说的，自己也是率先示范这样做的。1937年，北京沦陷，伪"新民会"妄图拉拢社会名流为其装点门面，便派人来请李苦禅"出山"："您要答应了，有您的官做，后头跟个挎匣子（枪）的，比县长还神气哩！"然而，李苦禅丝毫不为所动，凛然拒绝。此后，他断然辞去教学职务，以卖画为生。

父亲的一言一行，儿了都看在眼里，听在耳里，记在心里，并逐渐化为行动。有一天，李苦禅叫来儿子，说有关部门通知他们前往认领散乱的查抄物品。他对儿子再三叮嘱说："上次叶浅予和陆鸿年把错领的那些东西都退给咱们了，这正是看人心眼儿的时候，咱们要错领了，也要还人家啊！"

也正让李苦禅说着了，在儿子李燕领到的"杂画一批"中发现，一卷二十件黄宾虹的未装裱之作，上面有两三件书有李可染的上款。李燕便遵照父亲的嘱托，当即交还工作人员，并立即通知李可染。李可染见心爱之物归还，喜不自胜。李苦禅听说后，也非常高兴。

当时，在场的友人开玩笑说："何不趁此跟那位李先生讨幅牛？"原来，李可染画牛是出了名的。但李苦禅却连连说："物归原主即可！"

李苦禅逝世后，李燕曾在《风雨砚边录——李苦禅及其艺术》一书中详细地谈到了此事。由此可见，父亲的品格教育对他的影响可谓深刻。

李苦禅教育儿子从艺，不是就事论事，而是"先苦其心志，劳其筋骨，饿其体肤"。他对儿子说："干艺术是苦事，喜欢养尊处优不行。古来多少有成就的文化人都是穷出身，怕苦，是不出来的。"接着，他结合自己从艺的过程，说："我有个好条件——出身苦，又不怕苦。当年，我每每出去画画，一画就是一整天，带块干粮，再向老农要根大葱，就算一顿饭啦！"在父亲的教导下，李燕不怕风吹日晒，不畏跋山涉水，长期坚持野外写生。

1980年，李苦禅父子赴香港举办"李苦禅、李燕父子书画展"。在宴会上，盛情的主人问李苦禅："您老喜欢用点什么？"

他笑着说："我是有腿的不吃板凳，有翅的不吃飞机。"

"客气啦！请点菜嘛！"主人把菜谱递给他。

"我会点什么？我是挤混合面儿、杂合面儿（日军侵占北京时的一种劣等粮）过来的，会点什么？"

对李燕用的速写工具，李苦禅也要求越简便越好。李燕理解父亲的用心，用铁窗纱钉在木框上，边上系一个塑料小墨盒（筒形），再钉上一叠毛边纸，随画随翻。父亲看了后，感到十分满意，说"又轻便，又实用，而且便宜"。李苦禅对工作、生活条件要求不高，但对艺术却是精益求精，一丝不苟。

李苦禅还要求儿子"画自己的东西，创自己的笔墨"，要自成风格。他还给儿子讲了这样一个故事：从前，有两个道士看见一个瞎眼老头从南边走来，

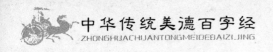

路中间有块大石头挡着。一个道士说："老头，从左边绕过来！"另一个道士则说："老头，从右边绕过来！"你猜，老头怎么着？他一下子从石头上蹦过来了。说完故事，李苦禅说："作画就要这样，'画思当如天岸马，画家常似人中龙'。画画不可人云亦云，落入前人窠臼。"

◎故事感悟

李苦禅的这种"爱幼"的教子方法是高明的。踩着父辈的足迹前进，虽说便捷、安全，但却是一种不成大器的方法，只有让晚辈走自己的路，才能独树一帜，有所成就。

◎史海撷英

李苦禅烧画慰故人

20世纪70年代的一天，一位老先生步履蹒跚地来到李苦禅家里找他，说自己十分喜欢李苦禅的作品，想向他求一幅画。虽然前来求画的人非常多，但眼见老先生求画的心情十分迫切，李苦禅当即便答应了下来。不巧的是，那几天李苦禅的身体状况不太好，不能立即动笔，于是给那位老先生作画的事情就暂时耽搁了几天。后来，李苦禅还没来得及给老先生动笔作画，一天早晨，他竟然得到了老先生已经去世的消息。李苦禅后悔不已，甚至跺足垂泪不止，觉得自己辜负了老先生的一番信任。

心情稍稍平静下来之后，李苦禅便拖着被病痛折磨得十分虚弱的身体，泪眼蒙眬之中，挥毫画了一幅《白莲图》。待墨迹全都干爽之后，李苦禅又亲自拿着那幅画作走到庭院之中，对天肃立，默默祷告，禁不住又一次流泪不止。

而后，李苦禅点燃了自己刚刚完成的那幅画作。等到画作完全烧成了灰，李苦禅才心情沉重地走回了画室。

刘墉对儿女的不同关爱

◎无情未必真豪杰，怜子如何不丈夫。——鲁迅

> 刘墉（1949—），生于台北，祖籍北京，号梦然，著名画家、作家。纽约哥伦比亚大学博士研究生、圣若望大学东亚研究所硕士，国立台湾师范大学美术系学士。曾任美国丹维尔美术馆驻馆艺术家，纽约圣若望大学专任驻校艺术家、圣文森学院副教授。现任水云斋文化事业有限公司负责人及专业作家、画家。著有有声书《从跌倒的地方爬起来飞扬》、《在灵魂居住的地方》及华文地区最畅销的励志书《超越自己》、《创造自己》、《肯定自己》，文学经典作品《花痴日记》、《母亲的伤痕》、《杀手正传》、《那条时光流转的小巷》，处世系列《人生的真相》、《我不是教你诈》、《你不可不知的人性①②》、《把话说到心窝里》（合订本）、《不要累死你的爱》以及《刘墉山水写生画法（中英文版）》、《白云堂画论画法（中英文版）》等文学、艺术作品七十余种。

中国台湾著名的作家刘墉有一对儿女，儿子叫刘轩，已获得哈佛大学博士学位，并出版了四本书；女儿叫刘倚帆，才貌双全，14岁便以优异成绩获得美国"总统奖"。

刘墉对儿女的教育方式很不一样。他对儿子承袭了中国传统的教育方式，他经常告诫儿子："你必须成功，绝对不能失败！"而对比哥哥小了整整17岁的女儿，刘墉则给予她的更多的是鼓励。

刘墉的儿子小时候很喜欢种花，可他却不敢用手和泥。刘墉看到后，就和了一堆稀泥，他硬拽着儿子的手插进泥堆；儿子看什么电视他要过问；儿子打电话他要过问；为了锻炼儿子的胆量，刘墉把儿子送到曼哈顿"毒蛇猛兽出没"的地方上中学，每天路上要花三个小时。儿子后来考上哈佛大学，他就

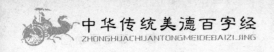

带着儿子跪在爷爷墓前："你的孙子考上了哈佛大学！"

刘墉这种教育方式确实让儿子出类拔萃，但也让父子关系一度变得很紧张。儿子也曾愤怒地对刘墉发火："你为什么总是喜欢管着我，而对妹妹却那么温柔，为什么？"儿子开始跟刘墉唱反调，大学报了心理学系。他对刘墉说："你知道我为什么报心理学系吗？因为你有病，将来好给你治！"

正是这些关心则乱的情感纠结，使刘墉有了更多教育子女的独家经验。他觉得以前对儿子的事安排得面面俱到，后来才发现，这样反而使儿子养成了做事不负责的坏习惯。父母过度包办就会使孩子不懂礼貌、不懂得珍惜，这是家庭教育中最忌讳的事。

教育孩子没有什么规定的规矩，这一点刘墉深有体会。儿子虽是哈佛博士，可他却总是不学习，而是到动物园给狮子、老虎照相。一天，刘墉去看舞台剧，发现舞台上那个忽而辣妹、忽而扮小丑的演员竟是自己的儿子。

他气得浑身发抖，回家跟朋友数落儿子的"不务正业"。刘墉的朋友开导他："这很奇怪吗？年轻嘛，你年轻时不跟他一样很调皮？"刘墉冷静下来想想，确实是这样的，现在时代不同了，做父母的应该"与时俱进"。

后来，他对儿子放宽了，给他自由，效果反而更好。儿子跑到阿拉斯加拍立体电影，又出书又做公司，事业做得很成功。

在教育子女方面，刘墉也乐于倾听别人的意见。有朋友暗示刘墉：父母太聪明了，孩子往往比较笨。比如说，一个聪明的妈妈，在孩子只张了一下嘴就冲过去说，你要喝奶吗？好，来了，喝吧。那孩子根本用不着讲话，怎么会有语言天分呢？

打听到这些意见之后，刘墉慢慢修正自己的教育方法，在女儿的成长中，尽可能地放开手脚，让她自己管自己。夜里两三点了，女儿还在洗澡、听音乐，他提醒了一遍，便不管了。第二天，女儿哈欠连天地去上课，自然就会意识到生活有规律才能提高学习效率。

女儿12岁时，迷上了露脐装。他开玩笑地对女儿说："露肚脐娃娃是可爱，可这会不会着凉感冒呢？"不用多说，女儿一下就知道爸爸的意思了。

每个孩子的情况不一样，教育方法也不一样。女儿可以趴在地毯上一边看电视一边做功课，"她有本事这样每科照样拿 A，我有什么话可说呢？"刘墉说，女儿一边听音乐，一边上网，一边做功课。她能一心多用，不正好适应了这个资讯发达的时代吗？

刘墉给了女儿一个自由发展的空间，但在某些必修课上，他的要求还是非常严厉的。一次，女儿学汉语发音不准还略略直笑。他板着脸，命令她一遍遍重来，不读准不罢休。他认为，学中文是华裔后代的必修课，来不得半点马虎。

表面上，刘墉是个"强势"父亲，实际上，他与儿女的沟通非常有趣。一次，刘墉感到刘轩弹钢琴时错了一个音符，儿子说没错，刘墉就把他的头拍了一下。事后一看，是自己弄错了，他开玩笑地给了刘轩五块钱赔偿他的"精神损失"。而刘轩又退回两元钱，说："爸爸，你打得不够痛，应该物有所值。"

刘墉说，他的书都是以儿女为对象，说的都是他心底想说的话。没想到，这些絮絮叨叨的家庭随笔，一下子走进了读者的心间，让有教育困惑的家庭获得了一些启发。这些年，他把所有的版税，都用在大陆建造希望小学，他的目标是 50 所，然后再让儿女去给孩子们上英文课。

有一年，刘墉带女儿回大陆，帮一个贵州女孩做了眼角膜移植手术。有人问他女儿："天下需要帮助的人那么多，帮得过来吗？"女儿学着刘墉的口吻说："只因为我看见了！"女儿说，父亲常教育她，谁也不是救世主，但只要是目之所及的地方有困难，自己又有那个能力，就一定要把快乐、温暖和安慰送到那里。

尽管刘墉对儿女的教育方式和关爱方式不相同，收获的当然也不尽相同，但刘墉对儿女那浓浓的爱意，是永远炙热的。

◎故事感悟

刘墉不管是对儿子还是女儿的关爱，都是值得我们去学习的。长者对晚辈的关怀永远是无私和无微不至的，我们在被这种"爱幼"精神感动之时，也要记住时时刻刻关爱幼者、体贴弱者。

◎史海撷英

刘墉热心公益事业

刘墉曾在中国大陆、中国台湾、马来西亚、新加坡、美国等地举行过近百场的巡回演讲，并通过义卖自己的作品为慈善团体募得台币上千万元。他还坚持不懈地从事公益活动，在台湾义卖画卡、办青少年免费咨询中心等，还在大陆举行帮助下岗工人子女征文比赛、捐助二百多个大中学生就学，并捐建了三十多所希望小学。

◎文苑拾萃

刘墉语录

（1）这世间许多"非常的成功"是以"非常的手段"达成的，那未动手之前的战略和构想，在一起时，就注定了他们的胜利。

（2）在我们四周，到处都可能发现自己的贵人，他们不一定是直接提拔你的尊长……所以，不要轻视任何人，也不要轻视自己，因为那平凡人可能是你的贵人，你也可能作为别人的贵人！

（3）所以身为现代人，就好比开车，你除了自己守规矩，还得留意别人是否不守规……你必须保持高度的敏感，且常常设想别人的感觉，才可能过得愉快。

（4）凡是认为环境与个人的命运休戚相关而有所警醒，都可以称为忧患意识。然而，忧患意识却也能使涣散的人心振作起来，使淡忘的记忆清晰起来，使迟疑的感觉敏锐起来……当你有忧患意识之后，许多潜力都能获得发挥，你也能看得更深、更广、且计划得更长远！

伟大母亲抚养日本遗孤

◎遗孤，不管是哪里的，不管事他们有着什么样的缺陷，我们怎么能置之不理？ ——格言

1945年12月，家住哈尔滨的17岁的姑娘方秀芝刚刚结婚一年，便听邻居说有一个日本女人病死在难民所里，留下了一女两男三个孩子。其中，两个大的孩子已被人收养了，而刚刚4岁的男孩青木弘吉始终没人收留，她便跟着邻居去看了这个孩子。当时，青木弘吉的小脸脏兮兮的，淌着鼻涕，冻得缩成一团。

方秀芝心软了，便把这个可怜的孩子领回了家，善良的丈夫并没有责备她的多事，还给孩子取了个中国名字，叫杨松森。

1992年，杨松森跟随姐姐回到日本，与亲人团聚。但是，他也经常给方秀芝写信、打电话，每次都流露出对中国养父母的眷恋。杨松森说，在中国东北的土地上有他的家，有让他永远难以报答的中国妈妈。

与方秀芝一样的，还有很多老人都曾经收养过被日本人遗弃的儿女。这些日本儿女在回到日本后，依然与这些老人保持着亲密的联系，并时常回国探望他们。

当年，日本侵略中国，犯下了滔天的罪行，给中国人留下了永久的创伤。然而，很多中国母亲以德报怨，即使在中国最艰难的岁月里，仍然顶住巨大的压力，把这些日本留华的遗孤抚养大。这种博大的母爱，也让这些长大成人的日本子女深受感染。

如今，这些日本遗孤回国定居后，也都成了促进中日友好的重要力量。

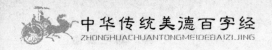

◎故事感悟

　　以德报怨，抚养敌人的"后代"，这种作为是伟大的，而这种感情更是伟大的，我们在为这些人感慨的同时，也应该学到，对待后代的关怀和疼爱的胸怀，是不分亲后、敌我、民族和国界的。

◎史海撷英

日本战败投降

　　1945年8月15日正午，日本裕仁天皇通过广播发表《终战诏书》，宣布无条件投降。8月16日，苏军总参谋部发表声明指出："日本天皇8月15日所发表的投降声明，仅仅是无条件投降的一般宣言，并未向武装部队发布停止敌对行动的命令，而且日本军阀仍在继续抵抗，因此，日本尚未实际投降……远东苏军将继续对日攻势作战。"

　　在这段时间里，由于日军的敢死队出动，导致苏联伤亡颇为惨重，因此战事直到8月23日苏军占领旅顺港口才真正结束。9月2日，日本外相重光葵在美国军舰密苏里号上正式签署了投降书。

　　9月9日，侵华日军总司令冈村宁次在南京向中华民国政府陆军总司令何应钦呈交了投降书。自此，抗日战争及第二次世界大战才正式结束。

◎文苑拾萃

日本遗孤

　　日本厚生劳动省将一些日本军队从中国大陆撤退和遣返期间，被中国人收养的未满13岁的日本人定义为遗孤。但是，日本也将那些13岁以上的，为了生存或自愿进入东北家庭的日本女性，视为是根据自己的意愿而留在东北的，进而剥夺了这些残留妇女的日本国籍，并且不列入援助回国的对象。从1945年起这种规定实施，一直到48年后的1993年，才最终取消了这种差别，将遗孤和遗留妇女一同视为归国的援助对象，统称为"残留日本人"。

抚养恩人遗孤

◎抚养他们，就当抚养自己的子女。——张国强

张国强1964年出生于辽宁省沈阳市，在沈阳市和平大街重光里的铁路大院长大。

张国强从小就是个命运多舛的孩子，他出生在父母矛盾很深的家庭中。两岁时，父母就因感情不和离了婚。而离婚时，父母谁都不愿意让这个孩子成为自己日后再婚的拖累，因此都不想要他。年迈的姥姥看这个外孙子实在可怜，就把这个苦命的孩子接到自己身边照顾。从此，幼年的张国强只好与姥姥相依为命。

然而，祸不单行。六岁时，张国强在和一群孩子到河里抓蛤蟆时，一不小心滑到几米深的河里。不会游泳的他在河里拼命挣扎，只喊了一声"救命"，扑腾了几下就沉到了河底。不会游泳的小伙伴们见他一下子没了影，都吓得直喊救命，却不敢下水。不一会儿，河边就围来了许多人，但还是没有人敢下。这时，一个16岁的少年听到救命声从远处迅速跑来，问清落水地点，脱了衣服一个猛子就扎了下去，这才将张国强托出水面。

少年就地对昏迷不醒的张国强进行抢救。一个小时后，张国强才吐净了肚子里的水，渐渐清醒过来。

这个少年叫吴永飞，恰巧与张国强住在同一个大院里。只是大院里住的人太多，以前两家也没有什么来往，所以也不认识。但通过这次的救命之恩，张国强的姥姥和吴家开始了来往。在大人们的提议下，张国强认了这个大自己十岁的救命恩人为大哥。从此，张国强就成了吴永飞的"跟屁虫"，厚道、

善良的吴永飞也乐于带着这个小弟弟一起玩耍。

张国强的父母再婚后，都很少回来看望自己的孩子，所以张国强就一直和姥姥平静地生活着。然而，这样的生活也没有过上多久。两年后的一天早上，张国强起来后发现，平时习惯早起的姥姥怎么还躺在床上？他凑近一看，发现84岁的姥姥已经在睡梦中离开了人世！他生活中唯一的亲人就这样离开了他，张国强不禁号啕大哭起来。

邻居们纷纷赶来，为姥姥办了丧事，然而，这个八岁的孩子怎么办？好心人打电话找到了张国强的父母，可是父母都表示无法带着这个孩子生活！一时间，邻居们纷纷谴责这对没有人性的夫妻。可是，面对这个孤单地蹲在墙角的孩子，也一时都爱莫能助。

这一天，放学回来的吴永飞看到了这可怜的一幕，他拍拍张国强的肩膀说，你别怕，等我。然后，他就跑回家说："爸妈，干脆把小弟接咱家来吧！要不他怎么办呢？"

吴永飞的父母看着儿子善良的眼神，还是迟疑了一下。吴永飞的父亲在铁路上当维修工，收入不高；母亲就是个家庭妇女，也没有工作。一家人都只靠父亲一个人的工资生活。如果再添一张嘴，家里的生活就怕更难维持了。看着父母面露难色，吴永飞哀求父母说："就让他来吧，以后吃饭时，我只吃一半，省下的给弟弟吃……"听了儿子的话，这对善良的夫妻知道儿子和张国强已经情同手足，想了想，最终还是点了点头答应了。

就这样，张国强成了吴家的一员。因为住房小，吴永飞和张国强小哥俩就挤在一个屋子里，两个人像一对亲兄弟一样。看着他们快乐的样子，吴永飞的父母在心理上也接纳了张国强，把他看做跟自己的亲生儿子一样。一家人生活虽然艰苦，但也是其乐融融。

然而，这样的日子也只过了两年。1974年5月，天降横祸，吴永飞的父母在一场车祸中不幸双双丧生！那一年，张国强才10岁，吴永飞也刚刚20岁。兄弟俩抱在一起，哭得天昏地暗，都不知今后的日子怎么过。吴永飞一边抹眼泪一边安慰他说，"别怕，有大哥在，有我吃的就有你吃的！"

就这样，两个人便开始东一家西一家讨吃的。过了几个月，吴永飞中学毕业了。根据当时中学毕业生"四个面向"的分配政策，吴永飞被招进当地的拖拉机厂当了一名装配工人。有了工资收入，兄弟两人的生活才有了保障。吴永飞上班后，张国强继续上学，兄弟俩就这样相依为命。

20岁的吴永飞长得高高大大，十分帅气，而且也到了谈恋爱的年龄了，工厂里的一些女孩子都主动向他抛出了绣球。每当这时，吴永飞挂在嘴边的一句话就是：我家里有个弟弟，我还不能考虑婚姻大事。这些女孩听说他有一个非亲非故的弟弟，也都皱起了眉头，觉得他有些不可思议。这样一拖，一晃吴永飞就到了27岁。

27岁的吴永飞，在那个年代这已经是不折不扣的大龄青年了。这个年龄很不好找对象了，可是吴永飞还是一副不着急的样子。张国强沉不住气了，他劝吴永飞说："大哥，你该结婚了啊。"吴永飞笑笑说："小弟，你不结婚，我就不能考虑结婚的事。等你结了婚，我再结！"

听了这话，张国强在心里暗暗发誓，就为了大哥这份恩情，一定要干出一番事业来，给大哥挣个漂亮嫂子回家！

1981年，张国强初中毕业了。由于从小一直没有生活在父母身边，他养成了很深的自卑感，在学习上也一直是处于中下等水平，学习成绩一直不好。初中毕业后，张国强放弃了考高中的想法，准备早点找事做，为这个家庭尽点力，为大哥分点忧。

然而，20世纪80年代的中国，刚刚实行改革开放，没有什么就业门路。无奈之下，张国强只好去农贸市场卖菜、卖水果、卖肉。挣不到钱，他就不断地转行。好在有哥哥吴永飞的工资做两个人的生活费，他也不必为生计发愁，赔了就换门路，赚了就多干几天。

一个偶然的机会，张国强发现日益增多的小饭店对方便筷子的需求很大，他便马上抓住了商机，找批发商按批发价进方便筷，然后骑上三轮车，给饭店送货。由于他的货价格低，送货也准时，没钱赊账也可以，半年后，他居然有了一大批稳定的客户。有了客户，他就不再自己送货了，而是成立了一个小公司，自己雇了10名下岗职工，由他们向各个饭店送货。

尽管是小本生意，但张国强还是慢慢做出了点门道，也赚了一些钱。第一次挣到钱后，他就把钱交到大哥吴永飞手里，说："大哥，你是家长，钱就你保管吧！"

吴永飞见弟弟这样重情重义，很受感动，但对弟弟的辛苦钱却推辞不受，他说："好弟弟，你的心意大哥知道。你自己保管和大哥保管是一样的，还是你自己把钱攒起来，用于发展你的事业吧！"

到1993年春天，张国强已经挣了50多万元。这在当时的沈阳，可是一笔不小的数目。但张国强的生活依然非常节省，他知道，大哥的婚事还没有着落，自己没有理由拿这些钱去潇洒。

随着张国强事业的成功，爱情也来到了他的身边。有一次，在一个个体工商业协会主办的活动上，张国强认识了一名19岁的漂亮女孩郝娜娜。郝娜娜初中毕业后，也进入社会自谋生计。当她了解到张国强不幸的身世和创业经历后，对张国强非常敬佩。两人在几次接触后，便慢慢产生了爱情的火花。

然而，和郝娜娜在一起时，张国强更多的时候却是想着为了自己这么多年没有谈恋爱的大哥。这一年，张国强29岁，而大哥吴永飞已经39岁了。

几个月后，郝娜娜和张国强开始谈婚论嫁了。要结婚，就要先买房子。这时，张国强突发奇想，他要给自己营造爱巢的同时，给大哥也营造一个！

说干就干，张国强开出支票，花30万元买了两套80平方米的住房，按一样的风格装修后，他便到商场里选购了电视、冰箱等等家用电器，每一样都是同时买两个，运进兄弟各自的新房。直到添置完毕，他才把钥匙交到大哥吴永飞手里。

吴永飞目瞪口呆地看着新房，良久，猛地转身紧紧地搂住弟弟"嘤嘤"地哭了起来。张国强轻轻地拍拍大哥的后背，说："大哥，这么多年，你为了我吃了多少苦啊，咱哥俩这一辈子就是要有福同享！"

有了一套房子，张国强再给大哥介绍对象也就变得十分容易了。几个月后，张国强给哥哥介绍了一位25岁的姑娘，两人很快也开始谈婚论嫁了。

1993年8月18日，在一家大酒店里，兄弟两人一块举办了婚礼。前来参加婚礼的亲朋好友不下300人。当亲朋好友们听说哥哥吴永飞结婚的新房、家具、家电等等都是弟弟张国强慷慨赠送的，都感慨不已。吴永飞单位一位工会干部是业余书法家，当场挥毫写下四个遒劲的大字——"同甘共苦"。

结婚的第二年，吴永飞的大女儿吴盈盈就出生了。然而没想到的是，这个女孩却患有先天性的心脏病。按照国家当时的计划生育政策，允许吴永飞可以再生第二胎，于是，1995年，吴永飞第二个女儿吴婷婷又出生了。但是，张国强的妻子郝娜娜却始终也没有怀孕。

1996年，吴永飞的人生开始成了一条下滑线。4月，他从拖拉机厂下岗了。下岗后，42岁的吴永飞不好找工作，心中便十分苦闷。张国强安慰他说："工作的事，慢慢来，有弟弟养你，你怕什么？"可是，厄运却没有就此罢休。这一年的7月，吴永飞便突然感到恶心，还常常呕吐、头痛，浑身无力，张国强强拉硬拖地把他弄到了医院。医生在给吴永飞检查完身体后，告诉他们，吴永飞已经患了尿毒症！

面对这突如其来的绝症，吴永飞傻眼了，张国强也懵了，恩人大哥怎么能患上这种病呢！张国强苦求医生，不惜任何代价，一定要把大哥的病治好。医生告诉他，治疗这种病，只有两种办法，一是常年靠透析来维持生命，那要有巨额医药费作后盾；二就是换肾，可是合适的肾源一时很难找到。吴永飞非常苦恼，甚至想一死了之，可是又牵挂着那两个嗷嗷待哺的小女儿。张国强天天陪着他，帮他做思想工作，让他卸下思想包袱，抓紧时间治病。

为了找到良医，给大哥吴永飞治好病，张国强把自己的生意托付给了一名在自己手下打工的"铁哥们"老赵，然后就带着大哥出发了。他带着吴永飞去北京、上海和广州等各大城市各大医院，寻求为大哥治病的良方。他的大脑里就装了一个信念，那就是：不惜一切代价，一定要挽救大哥的生命！

到1998年底，张国强已经带着大哥吴永飞足足奔波了两年多，钱也花了无数，医生也见了无数，然而，吴永飞的病情却是越来越重了。1998年12月的一天，张国强带着吴永飞从天津赶回沈阳。安顿好吴永飞后，他马上赶回自己的公司，可公司里这时只有一个人在守着他。他这才知道，那个老赵已经离开公司几个月了，而且带走了公司原来的所有客户，另起炉灶了！

紧接着，1999年春节后，吴永飞的妻子扔下了丈夫和两个小女儿，跟着一个未婚的中年打工仔走了。临行前，面对卧在床上的吴永飞，妻子流下了歉疚的泪水："对不起，没办法，不是我心狠，而是这种生活，我……我实在是受够了！我还年轻……你的病，哪怕有一点点好转的希望，也行……"

躺在床上的吴永飞把脸扭向墙，也是泪流满面："你走吧，我理解！我……还有弟弟照顾！"

吴永飞的妻子走了，剩下了吴永飞和两个女儿相依为命。吴永飞的精神状态变得更加不好，失去妈妈的两个孩子整天哭着向他要妈妈，他几次都想一死了之，是张国强及时发现后才把他救回。

然而，此时的张国强为了给大哥治病，也已经是山穷水尽了。到2000年4月，张国强用尽了所有的积蓄，而病床上的吴永飞还在等着透析。他只好咬着牙，决意卖掉自己的房子。

当他犹豫着把自己的想法告诉妻子郝娜娜时，郝娜娜眼泪一下子涌了出来。她死死地盯住丈夫，口气充满了怨恨："你……你，为了你大哥，你连我们的家都不要了？"

张国强低下头，歉疚而坚定地说："对不起！大哥对我恩重如山，我不能不管他……"

就这样，郝娜娜和张国强也分手了。

2002年7月，张国强又卖掉了大哥的房子，用卖房款来给大哥做透析，延续大哥的生命。同时，他也多方寻找肾源，想为大哥做换肾手术。

2003年1月，医院肾病科传来喜讯，终于有了能配上型的肾源了！张国强兴奋地把吴永飞送到医院。

1月19日，吴永飞做了换肾手术。然而不幸的是，换肾失败了！手术后不久，吴永飞便出现了严重的排异反应。几天后，吴永飞的病情迅速恶化，进入了弥留状态。

在人生的最后一刻，吴永飞拉住张国强的手，干裂的嘴一张一合，却发不出一点声音来。张国强泪如雨下："大哥……我知道你的心思，你是不放心盈盈和婷婷，对吗？大哥，我向你发誓：我这个叔叔，一定要把两个侄女抚养长大成人！"

躺在弟弟的怀抱里，吴永飞的眼角流出两行泪珠，带着感激和期望，咽下了最后一口气。

2003年10月，为了给大哥治病而变得一贫如洗的张国强，一只手抱着8岁的婷婷，一只手拉着10岁的盈盈，来到一片破旧的平房区，以每月80元的价格租了一个窝棚式的小土屋，与一群外省的农民工们为伍，开始了艰难的生涯。

当地有个比较大的一个劳务市场，没有生活来源也找不到任何工作的张国强只好来到这里找活干。

可是，憨厚老实的张国强不会主动出击抢活儿，这样也就挣不到钱，张国强焦急万分。自己饿上几天倒是没事，可家里的两个孩子怎么办？挣不到钱，他只好节约开支，找不到活儿的时候，他就连中饭都不吃了，每天中午可以省下三元钱的盒饭钱。不吃中饭，实在饥饿难忍，他便跑进路边的公用卫生间里，趴在水龙头下，"咕咚咕咚"地灌一肚子凉水。

由于中午总不吃中饭，张国强的身体越来越虚弱。终于在一天中午，张国强实在坚持不住了，蹲在路边，他觉得天旋地转，最后竟然一下子昏倒在路上！

这时，当初曾给他公司打工的两个下岗职工认出了他，急忙给他买来一份盒饭，一瓶纯净水。张国强吃了东西，喝了点水，这才慢慢恢复过来。厚道的张国强当初办公司时，对下属一直都不错，这两个人对张国强也一直非常感激。见他落魄到这个地步，两个人揽到活儿，就常常自己不干，让给张国强干。在两人的照顾下，张国强平均一个月可以挣到600元。

白天干一天体力活，回到家里，他又开始照料两个侄女，做饭，为孩子洗衣服……疲于奔命地忙碌着，直至深夜，两个侄女甜甜地睡着了，他才能上床休息。尽管日子很累，但是，看到两个侄女健康地生活着，他也很欣慰。

2004年12月，一家装修公司承包了一户家庭的装修工程，缺一个力工，就把张国强叫去了。

这户家庭是一个单亲的家庭，户主是一位名叫刘姗姗的中年妇女，离婚后带着一个16岁的女儿过日子。做仓库保管员的她，省吃俭用买了一套67平方米的楼房。可是，装修公司的老板欺负刘姗姗不了解装饰原材料的价格，

预算报价比市场价格整整高出了一倍。

张国强发现后，感到气不过，就偷偷把这件事告诉了刘姗姗。刘姗姗据理力争，最终省下了近5000元。于是，她对张国强产生了好感，张国强也喜欢上了这个老实、善良的女人。两个人都经过了命运的坎坷，彼此有很多共同语言……

2005年正月初三，刘姗姗领着女儿来到张国强小窝棚式的家里拜年。已经懂了一些事的两个侄女看着叔叔和刘姗姗亲热地说着话，十分敏感。刘姗姗母女走后，12岁的盈盈凝视着张国强，凄然地说："叔叔，我……我不愿意你和阿姨结婚！"

张国强避开她的目光，嗫嚅地说："孩子，你还小，你不懂，叔叔需要……需要有一个家……"

10岁的婷婷天真地说："叔叔，我们三个人，不也是一个家吗？"

"婷婷，你不要瞎说了，叔叔说的家，是指阿姨！"盈盈眼里涌出了泪花，"叔叔，阿姨是不会要我们的。你要是和阿姨结婚，你就去吧！我和小妹在家里。你常回来看看我们就行！"

张国强的心一下子被震撼了，这天晚上，他一夜未眠。第二天，他去了刘姗姗家，商量两个人的婚事。果然，刘姗姗表示不同意接纳盈盈和婷婷一起。张国强也表示理解，便自己回了家。

回到家后，张国强仿佛一下子虚脱了，浑身发冷，便蒙着被子躺在炕上。盈盈和婷婷见叔叔生病了，她们一个倒水，一个张罗做饭做菜。盈盈一边做饭，一边小声对婷婷说："等叔叔病好了，我们让叔叔送我们去上学。"婷婷觉得上学远没有在家里自由，就不大情愿："为啥上学呀？"

盈盈认真地说："学本事啊！等我们长大了，叔叔也老了，到那时候，就得靠我们姐妹来养活他了！想挣钱，没有本事可怎么行？"

婷婷想了想，十分赞同姐姐的观点。小姐妹畅想未来，热烈地讨论起来。躺在被子里的张国强听了两个侄女的话，心头一热，眼泪止不住地流了下来。有这么懂事的两个侄女，自己还有什么委屈呢？他感到自己的生活有了奔头，终于看到了自己未来的希望！他一下子爬了起来，对小姐妹发出了誓言："为了把你们小姐妹拉扯大，叔叔终身都不娶了！"

盈盈和婷婷当即跪倒在张国强面前，一起含泪喊道："爸爸！"

"女儿——"张国强搂住盈盈和婷婷，父女三人顿时哭成了一团……

几天后，张国强领着两个女儿来到了东陵区东陵街道的凌云小学，找到了江校长，详细介绍了两个苦命的孩子和自己的情况。江校长听了深受感动，当即决定接收这两个孩子，并免掉所有学杂费。

由于没有上过学前班，上学较晚的盈盈和婷婷跟不上班里同学的学习进度。为此，班主任李老师就每天都抽出一定的时间，对小姐妹俩单独进行辅导。

2005年2月20日，盈盈和婷婷的亲生母亲从外地给张国强和两个女儿邮来了一大包新衣物。紧接着，她又打来电话，向张国强询问两个女儿的生活、学习情况，然后告诉张国强：她又成为一个两岁男孩儿的妈妈了，一家三口人的生活平淡而幸福。

最后，她流着泪说：现实已经不可能让她把两个女儿再接回自己的身边了，只好拜托孩子的叔叔来养育她们长大成人了！听着她伤心的话，张国强说："你就放心吧，从感情上来说，我和盈盈、婷婷已经分不开了！没有孩子们在身边，我不知道自己的生命还有什么欢乐！"

张国强渴望自己能够再干一番事业，让两个女儿能够生活幸福，然而，一无资金二无技术的他，哪里有创业的门路？想啊想，他终于想出了一个办法。

2005年2月27日是一个星期日，张国强买了一辆三轮车，重操旧业——又"捣腾"起方便筷来。与过去所不同的是，这次是两个小女儿一块帮他推车。到了第一家饭店，是一个女老板。女老板竟然认出了张国强，不过，她看着张国强蓬头垢面的样子和一身的汗臭味儿，脸上立即就现出了一种不屑的神色。她全然不念及当年曾是合作的伙伴和老朋友，眉心紧结成一个大疙瘩："现是市场经济，友情值多少钱一斤？你那方便筷子还是推回去吧！"

当看到张国强身边站着两个女孩儿，女老板又嘲笑他说："呀，就你这小样儿，还生了两个女儿呢？"

"大姐，这孩子……不是我的！"张国强红头涨脸，挺尴尬地讲了两个女儿的故事。

女老板虽然长得人高马大，看似十分厉害，可毕竟也是个女人，张国强的话一下子触及到了她善良的内心。张国强还没讲完，她的心就软了："人真是不能看外表，看你窝窝囊囊的，没想到还是一个挺讲义气的汉子——那我就收下来吧！"

就这样，那一车方便筷女老板居然一下子就收下了三分之一，然后，她告诉张国强："以后那个姓赵的再来推销，不管价格怎么低，我也不要了！就专等张国强你定期给我送货来！"

张国强大喜，连连鞠躬，抹着眼泪，一个劲儿让两个女儿喊她"干妈"。最后，"干妈"也被两个苦命的女孩打动了，搂着她们也是泪雨滂沱。临走，女老板还给每个女孩儿的衣袋里塞进了100块钱。

随后，张国强蹬着三轮车，继续挨家挨户去"跑"生意，真诚地说出自己的处境，一时间感动了无数人。一个大义男人为恩人大哥抚养遗孤，这样的人不帮还去帮谁？渐渐地，附近开饭店的老板们都知道了这样一位义薄云天的男人，于是一些饭店也主动打电话找他，让他送货上门。

2005年4月中旬，张国强干了整整一个月，盘点下来，竟赚了2000多块钱。张国强人是累瘦了，然而，手里握着钞票，望着两个女儿，心里抑制不住地喜悦，因为他终于看到了美好生活的新曙光，两个女儿的生活有了保障了！

◎故事感悟

故事的两个主人公都很伟大，尽管他们是平凡的人。这才是人性的最伟大之处！这两个重情重义的男儿，挥写着中华传统美德的四个大字——尊长爱幼。这种伟大的举动并不是所有人能做到，但是只要我们平时多注意培养这种精神，我们人人会具有这种伟大品格的！

◎文苑拾萃

人间大爱

刘裕徽

花儿绽放是为了回报甘霖的滋养

甘霖降落是为了感谢自然的帮忙

自然孕育了人类轮回的时光

人间真情要报答时空的捧场

多少个年代

爱在天地间徜徉

多少个岁月

爱在无私下释放

多少个夜晚

爱在梦境中闪光

多少个瞬间

爱在细节里流淌

人间大爱

使世上弱势的群体

有了希望的曙光

人间大爱

使天下漂泊的灵魂

有了皈依的天堂

谢清眉倾情抚养孤儿

◎我是一名共产党员，我要把这些孤儿照顾得更好。——谢清眉

> 谢清眉（1954—），福建省漳州市芗城区东铺头街道瑞京村人，优秀的共产党员。因抚育两名孤儿而成为社会知名人士。

2001年2月，福建省漳州市的一个乡村，一对年轻的贫困夫妇因生活琐事而争吵。妻子一时想不开，跳水自杀了。丈夫见妻子因此而死去，便深感自责，也喝了农药了却此生，留下两个无依无靠的女儿。这一年，大女儿小丽年仅12岁，就读小学六年级；小女儿小梅才4岁。

两个弱小女童的悲痛遭遇，牵动了区妇联主席韩丽珠的心。她马上就把小丽小梅列入"春蕾女童"的行列，发动爱心人士结对子帮扶两姐妹。

2001年3月，仁慈善良的女企业家谢清眉加入了资助"春蕾女童"的队伍，准备资助两姐妹中的一位。

当谢清眉看到两姐妹住在用石棉瓦当屋顶的破旧房屋的时候，她心里开始泛酸。临别时，两姐妹与她相拥而泣。谢清眉看了非常受感触，她决定两个姐妹都资助。此后，谢清眉不管工作多么忙碌，总是携带大包小包的生活和学习用品上门探望姐妹俩，而且每周一次，风雨无阻。

2001年6月，小丽小学毕业了。为了使姐妹俩都能受到更好的教育，获得更好的照顾，谢清眉便把姐妹俩都接到城里来和她共同生活。她在家中腾出了一间大房子，重新粉刷墙壁，添置新床、被子、沙发、桌椅等生活设施，

像贵宾一样将姐妹俩迎进了家门。

小姐妹两个在刚到谢清眉家的时候，因为生活环境改变，有时会半夜醒来呆坐，谢清眉便一直陪她们，直到哄完她们睡觉自己才休息。

有一次，小姐妹俩因想念亲人，便搭上公交车不辞而别了。谢清眉急得冷汗沁满额头，到处寻找，连夜开车前往农村。望着安然无恙的姐妹俩，她一颗悬着的心才安然落下。

从这之后，为了帮助姐妹们尽快适应新家，谢清眉让自己的孩子和她们像兄弟姐妹般亲密相处。而且，她一边用言行教育她们做人的道理，一边考虑姐妹俩上学的问题。

清眉通过区妇联的协助和支持，将小丽送到市区一所中学读初中，妹妹小梅则安排到一家幼儿园读中班。

又有一次，姐妹俩感冒发烧，浑身难受，清眉急忙带她们上医院诊治，拿药端水喂药，照顾得无微不至。闲暇之余，她还经常带姐妹俩逛街享受美食，购物买衣服买书本，还带她们到各地旅游，游山玩水，到影楼拍摄个性写真，用真情温暖她们曾经受伤的心灵。慢慢地，姐妹俩将她当成了亲人，逐渐融入这个家庭，变得活泼快乐起来，灿烂的笑容重新在脸上绽放，对谢清眉的称呼也由"阿姨"改为"妈妈"。

平时，谢清眉都不肯为自己买一些高档的服装来装饰下自己，而对这两个小姐妹的教育投资，她却大方得很。2004年，小丽初中毕业，不想继续读高中，谢清眉怎么劝说也无济于事。

后来，谢清眉说，这是她最大的遗憾。小丽为了减轻清眉的经济负担，不顾她的再三挽留，选择独立生活，到外地打工。由于外地老板拖欠工资，小丽很苦恼，就打电话向谢清眉诉说郁闷。谢清眉除了及时给予经济上的援助外，还帮助小丽在市区找到一份工作，在一间待遇不错的私人企业当营业员。

多年过去了，看着两个孩子慢慢长大、成熟，谢清眉的脸上露出灿烂的笑容。很多人都问她："这些年，你倾情为了抚养这两个孤儿，值得么？"

谢清眉总是微笑不语。也许，答案就在她心里，在小姐妹俩的心里……

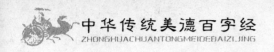
◎故事感悟

　　谢清眉为这两个孤儿，倾注了博大的关爱，用朴素的方式诠释了人间真情。这种感情是无私的，这种关爱是令人感动的。"幼吾幼，以及人之幼"，我们要牢牢记住这八个大字。

◎史海撷英

春蕾计划

　　1989年，在全国妇联领导下，中国儿童少年基金会发起并组织实施了一项救助贫困地区失学女童重返校园的社会公益项目——"春蕾计划"。

　　截至2007年底，"春蕾计划"已筹集资金累计6亿多元，遍布全国30多个省区市，兴建600多所春蕾学校，资助170多万人次贫困女童重返校园，对40余万孩子进行实用技术培训。

◎文苑拾萃

中国儿童少年基金会

　　中国儿童少年基金会成立于1981年7月28日，是中国第一个以募集资金的形式，为儿童少年教育福利事业服务的全国性社会团体，是一个具有独立法人资格的非营利性社会公益组织。

　　中国儿童少年基金会的宗旨是：为抚育、培养、教育儿童少年，辅助国家发展儿童少年教育福利事业，特别是贫困地区少数民族地区的儿童少年教育福利事业。

草原母亲抚养二十八个孤儿

◎只要我有一口吃的，就饿不着孩子！——都贵玛

都贵玛（1942—），蒙古族，内蒙古自治区乌兰察布市四子王旗脑木更苏木牧民。全国三八红旗手，第五届全国妇女代表大会代表，全国民族团结先进个人。19岁时，都贵玛承担起了照顾28名上海孤儿的任务。她终身未孕，把一生中最美好的时光奉献给了上海孤儿。通过不懈努力，她成为当地有名的妇产科医生，先后挽救了40多位年轻母亲的生命。2006年7月，自治区党委宣传部、自治区文明办、自治区妇联、内蒙古日报社联合开展了首届内蒙古"感动草原——十杰母亲"评选活动，都贵玛获得"十杰母亲"荣誉称号。同年12月，她又获得第二届中国"十杰母亲"荣誉称号。

在美丽的内蒙古草原上，有这样一位伟大的女性。她呕心沥血，用自己顽强的毅力和全身心的投入，用那颗炙热的、博爱的心，温暖了每一颗幼小的心灵，让这些孩子在她这位慈祥的蒙古族阿妈身边苗壮成长。

在辽阔的杜尔伯特草原上，草原母亲都贵玛的光荣事迹被人们争相传颂。都贵玛出生于20世纪40年代，从小就父母双亡。通过自己的努力，长大后她成为当地有名的妇产科医生。可惜的是，丈夫英年早逝，她自己也终身未孕。

20世纪60年代，由于物资匮乏、食品短缺，3000多个上海孤儿在国家的关怀下，被安排到内蒙古大草原生活。当时，19岁的都贵玛冲破世俗的偏见，勇敢地承担起了照顾、抚养28个上海孤儿的任务。

面对这些咿呀学语的幼小婴儿，都贵玛从喂饭学起，凭借坚强的毅力和全身心的投入，克服了难以想象的困难，用母爱温暖了28颗幼小的心灵。

为了给孤儿们及时看病，都贵玛常常深夜独自骑马冒着严寒和饿狼围堵的危险，奔波几十里去寻找医生……在都贵玛的精心呵护下，28个孤儿在艰难岁月里全部顽强地活了下来。

几经寒暑，28个孤儿都长大了，并陆续被农牧民领养。都贵玛一次次地经历着骨肉分离的痛苦。直至现在，这28位工作在各个岗位上的孤儿，仍然对都贵玛有着说不出的依恋之情，也都愿意和她唠唠心里话。不论在生活中遭遇多么大的挫折，只要在这位老妈妈身边待上一段时间，他们就会得到莫大的宽慰。都贵玛也在心底不停地祝福着自己的儿女们。

如今，都贵玛年岁大了，可是她还是处处牵挂着那些需要帮助的人们，尽其所能为别人排忧解难。都贵玛患了严重的白内障，有人劝她做手术，她却说："年纪大了，不用做了，省点儿钱还能够帮助几个贫困学生上学。"

都贵玛做了许多好事儿，但是从来不求回报，也不愿意给别人添麻烦，甘愿清贫度日。她居住的小屋里没有一件像样儿的家具。都贵玛是位言语不多很朴实的老额吉，她在接受记者采访时说，她最大的愿望就是一辈子不离开内蒙古大草原，她要守护这片绿色的天地，和乡亲们和谐生活。

这么多年过去了，28张笑脸，时常会浮现在都贵玛的脑海，那份深深的思念，永不挥去……

◎故事感悟

这位草原母亲是伟大而且令人敬佩的。她的力气是微薄的，她的物资也是有限的，但是她这种"爱人如子"的精神是闪耀着无限的光辉！

◎史海撷英

都贵玛曾挽救40多位年轻母亲的生命

内蒙古杜尔伯特草原长期以来都是地广人稀，交通不便，医疗卫生条件非常落后。而长期的游牧生活也严重地摧残了牧民们的身心健康，不少牧民刚刚年过半百，便已是百病缠身。而分娩更是横亘在广大妇女面前的一道"鬼门关"，多少产妇因此而痛苦一生，甚至丢了生命。

当时，身为嘎查妇联主任的都贵玛，看到牧民们所遭受的病痛折磨和死亡威胁，心中有说不出来的酸楚。后来，她凭着一股执著的劲头，硬是自学成为当地有名的妇产科大夫。

1974年，都贵玛不顾家人的劝说，率先参加了旗医院的学习培训。要学会现代医学知识，对于文化基础极差的都贵玛来说，困难简直无法想象。但是，都贵玛硬是坚持了下来，别人一天学会的东西，她就是花费两天甚至更长的时间也要掌握。她通常都是一边放牧，一边学习，并向方圆百公里内的妇科大夫请教了个遍。

功夫不负有心人，经过多年的摸爬滚打，都贵玛逐步掌握了一套在简陋条件下接产的独特方法。十几年来，她先后挽救了40多位年轻母亲的生命，"鬼门关"从此变成了通途，都贵玛也因此成为当地妇女心中的保护神，得到了当地群众的衷心爱戴。

◎文苑拾萃

杜尔伯特草原

杜尔伯特草原是指杜尔伯特蒙古族自治县境内许多草原的总称，位于黑龙江省大庆市、齐齐哈尔市与内蒙古自治区兴安盟的交界处及周围。由于此处在清朝时被称为杜尔伯特旗，所以这里的草原便被统称为杜尔伯特草原。

杜尔伯特草原位于杜尔伯特蒙古族自治县县城东南20公里处，总面积达1056万平方米，为原始草场，属草甸草原类型，以中旱生的多年生草本植物为建群种，丛生和根茎性禾本科牧草占优势。

草原的土壤主要为草甸土和沙土，草层高度平均为0.45米，植被覆盖度为95%。禾本科牧草有羊草、野古草、隐子草、贝加尔针茅和洽草；豆科有兴安胡枝子、细叶胡枝子、五脉山黧豆、野苜、山野豌豆和黄芪等。

孤儿的再生父母

◎情比金坚。时间可以流逝，但不变的，是人间的真
情。——格言

刘晓光（1968—），内蒙古乌兰法特扎赉特旗绰勒工作部前进嘎查乌兰套海屯人，中共党员。

1996年的春天，刘晓光所居住的屯子内搬来了一户姓白的外来人家。他们是前来投靠刘晓光在本村的一家远方亲戚的。

白家一家三口人，户主名叫白全，家中还有妻子和一个13岁的儿子白础鲁。白家家境非常贫寒，夫妇俩又双双患病在身，所以儿子也没能上学，就连吃饭都成了问题。然而，他们投靠而来的屯内亲属当时家庭条件也不太好，所以新来户贫困至极的境况使得村里这家亲属也爱莫能助。

当时，与白家邻居的刘晓光从远亲那里得知白家的情况，出于同情，他经常和爱人曲秀芝到白家给予一些力所能及的关照，送去一些吃的穿的等物品。

白家搬来后，所居住的房子是空闲了好多年的一个旧土房。由于年久未修，加之时逢连雨天气，房子很快就濒临倒塌了，这使这家贫困户的境况更是雪上加霜，一家人急得团团转。此时，了解白家家境的刘晓光把这一切都看在眼里。

"如果还不把他们转移出危房，那样会出人命的"，刘晓光想到这里，便开始焦虑着急起来。于是，他开始动员周围的邻居给予白家帮助。一些善良

的邻居也都纷纷伸出了援助之手，挖土动工，为白家剁墙盖房子。

刘晓光还将自家后院的几棵杨树锯下来，给白家盖房子当做檩木用。在大家的齐心努力下，很快就为白家盖起了两间土房，解决了一家人的住房问题，这些都使白全夫妇感动不已。

由于刘晓光平时人品好，组织能力也强，第二年，他就被推荐担任屯长。当了屯长后的刘晓光，更加牵挂这个外来贫困户。

于是，担任屯长不久，刘晓光便召开屯小组会议，主动为白全家每人分了五亩口粮田，还以屯小组的名义经常为白家送去一些济贫物资，尽自己最大的能力解决一家人的温饱问题。

可是不久后，白全这对贫困夫妇终于没能战胜疾病困扰，撇下年仅14岁的白础鲁先后撒手人寰了。刘晓光积极组织屯组干部，先后为这两位贫困夫妇打理了后事。

白全夫妇去世后，14岁的白础鲁便成了没有亲人管护的贫困孤儿了。刘晓光毅然而然地决定照顾他。

但是究竟如何照顾他？一个还未成年的孩子，没有固定的家肯定是不行的。要是照顾不好，不能随时管护和教育他，一旦学坏了怎么办？可是怎样才能从根本上解决问题呢？！

一时间，对白础鲁的安置问题成了新任屯长刘晓光的一块心病。后来，他想，还是先把这个可怜的孩子接到自己家里再说吧！自己是屯长，自己不管让谁管啊！

经过了认真思索之后，刘晓光决定将白础鲁接到自己家中来。当时刘晓光家已经有了三个孩子，大的已经10岁，小的刚刚两岁多。

当刘晓光将自己决定把白础鲁接到自己家来的想法告诉了妻子曲秀芝，征求她的意见的时候，温柔贤淑的妻子很支持他这种做法，爽快地答应了下来。从此，养育四个孩子的重担就落在了刘晓光、曲秀芝这对年轻夫妇肩上，其艰辛程度可想而知。

可是刘晓光夫妻觉得，再苦也不能苦了这苦命的孩子。自从白础鲁走进他们这个家后，刘晓光一边努力帮助础鲁尽快适应这个新家，避免几个孩子之间发生争执，他和妻子常常做自己孩子的思想工作，吩咐他们要好好地和础鲁小叔叔相处；一边考虑着让白础鲁上学学文化的问题。刘晓光和学校联系好后，曾几次亲自将白础鲁送到学校，试图让他上学，但是因为家境的原因，从来没有上过一天学的白础鲁都已经14岁了，怎么可能和七八岁的孩子坐在一个教室里上课呢！

尽管刘晓光再怎么努力，用尽各种办法让他上学，白础鲁最终还是放弃了上学。没能让白础鲁上成学，从此也成了刘晓光夫妇最大的遗憾。

出于无奈，刘晓光夫妇只能在家中教给白础鲁一些常用的汉字及数学运算知识、生产生活技能等，还教他很多做人的道理。

在生活中，夫妻俩对础鲁百般地呵护，在夫妇俩的心目中白础鲁就像自己的孩子一样，由于怕他受到委屈，有时对白础鲁的关爱甚至胜过对自己的孩子。

时光在刘晓光夫妇对白础鲁无微不至的关爱中一天天流逝着，很快，白础鲁这位幸运的孤儿就在这个充满温馨的新家里度过了11个春秋。白础鲁在刘晓光夫妇的悉心教导及一家人亲切地关怀下，由一个面临乞讨的未成年孤儿，长成了一名品行端正、稳重成熟的好青年。当然，白础鲁也没有辜负刘晓光这位恩人的期望，通过自学认得了一些常用汉字，还掌握了农业生产等劳动技能。

年复一年，日复一日，白础鲁到了成婚的年龄，于是，刘晓光夫妇便迫不及待地为白础鲁积极张罗终身大事。终于在刘晓光夫妇的努力下，2007年底白础鲁与邻村的一位姑娘定下了婚事。那年初春，夫妇俩花费5万余元钱在自家后侧，原白础鲁家旧址破土动工为白础鲁建了一座砖瓦结构的房子，而且还为新宅修建了整齐考究的转院墙。

刚刚入冬，刘晓光夫妇就开始为白础鲁筹备婚礼，又花费6万余元装饰新房、购买家用电器、日常生活用具等，使得室内家电及摆设样样俱全、应有尽有。

为给白础鲁筹备婚礼，刘晓光夫妇花去了家中所有的积蓄，以至于就在此前不久，自己的女儿出嫁时夫妇俩却没舍得花钱买一件像样的礼物陪送她。

此事曾得到一部分人们钦佩的同时也引起了小部分人的不解。

一切婚前准备安排就绪后，2008年农历十一月二十二日，白础鲁的婚礼隆重举行。这位特殊身份的新郎在喜庆的鞭炮声和人们快乐的欢呼声中，体面地将自己的新娘迎进了新房。

在接下来举行的婚礼上，白础鲁携新婚妻子跪在刘晓光夫妇的面前，欲说感谢之恩，却泣不成声！前来贺喜的人们，不由得都被这感人的场景所感染，很多人为此都流下了感动的热泪，认为刘晓光夫妇对白础鲁的恩情不是父母恩却胜过父母之恩！

这就是一段"再生父母"的恩情，这就是一种大爱无私的奉献，这就是一个值得我们学习的楷模！

◎故事感悟

这位土生土长的男子汉，他毅然决然地担负起对白础鲁这个原本不熟悉的远方亲戚之子的抚养重任，将其养育成人、负责其成家、立业，体现了浓浓的人间真情！作为一名村屯干部、共产党员，他使白础鲁这位原本无依无靠的贫困孤儿感受到了家的温暖，可谓真正做到了情为民所系、利为民所谋、心系百姓的高尚情操！

◎文苑拾萃

母 爱

母爱，不挑儿的长相
母爱，不分春夏秋冬
母爱，崇高伟大
母爱，无限忠诚

无论你平和、躁动

无论你失败、成功

母爱你失败、成功

母爱无处不在

她，伴随你经历人生

是她，放飞人间的龙凤

是她，架起天际的长虹

不懂得母爱

你就迷失了生命的真谛

忘却母爱

高官厚禄血冷躯空

一个母亲陷入贫困

一方惦念何以安宁？

用我们的双手点染熔灯的颜彩

用颗颗爱心缩放全面的繁荣

关怀母亲也是你我的升华净化

替母亲拭干眼泪共赏绚丽的恢弘！

农民花百万抚养孤儿

◎我的福利院是想给那些孤儿们一个家。——金虎

1955年，金虎出生在吉林省延边朝鲜族自治州和龙市龙城镇太阳村。当时，因为家里人口多，生活很困难。生性好强的金虎不甘心像父亲和兄弟们那般过一辈子平庸而贫穷的日子。20世纪80年代，他承包果园，开办养殖场、养蜂场，还和河南一家公司合作开发"人参花"项目，一年下来纯收入达七八万元，贫穷的金虎慢慢走上了富裕的道路。

早在童年时代，金虎就曾暗暗对自己起誓：将来如果自己有一天富裕了，一定要帮助那些贫苦的孩子，让他们过上好日子。

1988年，金虎靠自己勤劳的双手积攒了三四十万元，他觉得时机成熟了。那年的冬天，金虎收养了第一个孤儿。

就这样，金虎收养孤儿的消息不胫而走，村里或乡里但凡遇到父母不幸身亡或被人扔弃的孤儿，自然而然就送到金虎家里。最多时，他抚养了二十六名孤儿。

1995年是金虎事业的鼎盛时期，他的资产已经达到了一百多万元，这时他收养的孤儿也越来越多，家里百十平方米的房屋眼看就住不下了，于是在1999年，金虎建起了拥有11间平房和凉亭、游泳池、花坛的和龙市仙峰福利院。他把收养的孩子全部安排在福利院里。

2003年是金虎面临重大挑战的一年。那年他的果园承包期到了，需要大量资金进行新一轮承包。此时他收养的一个孤儿不幸烧伤，妻子又患了重病。为了维持福利院的生计，金虎陆续卖掉了养蜂场、养殖场。

养育众多孩子需要人手，金虎没舍得雇人，与妻子一起从早到晚地忙碌。

时间久了，积劳成疾，双双病倒。金虎患上了高血压、糖尿病等多种疾病，妻子的肝部也长了三个鸡蛋大小的肿瘤。

1988年至今二十多年来，金虎没有因为收养孤儿而向政府寻求帮助，凭着自己的经济能力供养了59名孤儿，其中14名考上了大学。因为养育孤儿，昔日的百万富翁今天仅能过着勉强糊口的生活。但金虎并不后悔，他说："我办福利院只是想给贫苦的孩子一个温暖的家。不管今后的生活有多么困难，我还要坚持下去。这是我的理想，也是我一生的追求。"

"将来有一天如果自己富裕了，一定要帮助那些贫苦的孩子……"这句话，仍然回荡在金虎的耳边，不能退去……

◎故事感悟

以个普普通通的农民，花费一百万去抚养爱护几十名孤儿，这是多么潸然泪下和令人震撼的事情。我们在钦佩金虎的同时，也该反思自己，跟自己的亲人一定要相互尊敬和关爱。

◎文苑拾萃

福利院

福利院是指国家、社会及团体为救助社会困难人士、疾病患者而创建的用于为他们提供衣食住宿或医疗条件的爱心福利院场所。

福利院主要任务是收养"三无"老人、孤残儿童、弃婴等，实行养、治、教并举的工作方针，从而保障社会弱势群体的合法权益，维护社会的安宁与稳定。

福利院是一项需要支持和奉献的社会公益事业，在这里，有一群需要阳光和爱心的群体。福利院在为孤寡残幼服务中，常常需要募集更多的人力、智力、物力和社会资金，为老人、孩子等兴建项目和设施，也期待医疗、康复、管理等方面的专业人士，把国内外先进的理念、康复器材与手段请进来。

福利院的资金来源除了政府投入、给予信息资源、政策支持之外，还包括国内外社会各界、港澳同胞、海外侨胞及国际友人团体的捐赠与赞助，各类组织、团体举办的募捐、义捐、义卖等慈善活动的慈善资金、慈善资金的利息收入等。